重现儒家文化的光辉

《近思录》解读

徐明全 著

时代出版传媒股份有限公司
安徽文艺出版社

图书在版编目（CIP）数据

重现儒家文化的光辉：《近思录》解读/徐明全著.—合肥：安徽文艺出版社，2023.9
ISBN 978-7-5396-7800-9

Ⅰ.①重… Ⅱ.①徐… Ⅲ.①理学—中国—南宋 ②《近思录》—研究 Ⅳ.①B244.75

中国国家版本馆 CIP 数据核字(2023)第 118564 号

出 版 人：姚 巍　　特约策划：张京京

责任编辑：张妍妍　段　婧　　封面设计：·车　球

出版发行：安徽文艺出版社　www.awpub.com
地　　址：合肥市翡翠路 1118 号　邮政编码：230071
营 销 部：(0551)63533889
印　　制：北京盛通印刷股份有限公司 (010)67887676

开本：710×1000　1/16　印张：28　字数：300 千字
版次：2023 年 9 月第 1 版
印次：2023 年 9 第 1 次印刷
定价：88.00 元

作者简介

徐明全，文化学者，二十几年来专注于儒家学说的研究与挖掘，力图从古人的文字中发现并提取中华优秀传统文化的宝藏，让现代人得以一窥究竟，并能从中获得营养。先后对《大学》《中庸》《论语》《孟子》《尚书》《易经》等进行翻译整理并陆续推出。

前言

《近思录》的历史地位

自南宋至清末，有一部书对中国乃至日本、朝鲜、越南等国家的读书人影响极大，那就是《近思录》，而且以《近思录》为代表的儒家理学思想，也成为这些国家的官方思想，历经八百余年。编纂于公元1175年的《近思录》，从一开始就与众不同，经过一代又一代学者的传播，成为最能代表中国古代主流学术思想的经典，后世学者一步步发掘出其中潜藏的巨大学术价值，并将它提升到显要的理学经典地位。

《近思录》书名的含义

《近思录》取名来自《论语·子张篇》。子夏曰："博学而笃志，切问而近思，仁在其中矣。"子夏鼓励人不要空泛地为学，而是要从切己之事来做观察；不要好高骛远，而是要从身边的事开始思考。所以朱熹和吕祖谦两位先生将本书定名为《近思录》。

《近思录》的成书经过

《近思录》是南宋孝宗淳熙二年（1175）夏天，作者在短时间内编辑而成的。朱熹、吕祖谦二人会面，是因为吕祖谦有鉴于朱熹与陆九渊（象山先生）二人学术见解不同，于是邀约双方见面为学，这便是有名的“鹅湖之会”。朱、吕二人在会前见面，为了为学的需要，短时间内便编出了这部影响深远的《近思录》。朱熹先生讲，编辑此书也是为了那些穷乡僻壤中有志于学的后辈学子，他们因为没有良师益友的帮助，不知为学的先后次序，在为学中没有方向、没有重点；如果能用心于《近思录》，应该也会得其门而入，然后再去研究孔子、曾子、子思、孟子的典籍，反复沉潜其中，从容求索，深入体会，从广博到简约，那么“宗庙之美，百官之富”，或许就可以实现。

《近思录》的主要内容

《近思录》是北宋理学家周敦颐（濂溪先生）、程颢（明道先生）、程颐（伊川先生）、张载（横渠先生）四位先生思想的选辑，将他们的语录六百二十二条，分类编辑而成。其中共有十四卷，分别是《道体》《为学》《穷理》《存养》《省察》《处家》《处己》《君道》《治法》《臣道》《教人》《警戒》《辨异端》《圣贤气象》。

朱熹先生的历史地位

钱穆先生是这样评价朱熹的：“在中国历史上，前古有孔子，近古有朱子，此两人，皆在中国学术思想史及中国文化史上发出莫大声光，留下莫大影响。旷观全史，恐无第三人堪与伦比。孔子集前古学术思想之大成，开创儒学，成为中国文化传统中一主要骨干。北宋理学兴起，乃儒学之重光。朱子崛起南宋，不仅能集北宋以来理学之大成，并亦可谓其乃集孔子以下学术思想之大成。此两人，先后矗立，皆能汇纳群流，归之一趣。自有朱子，而后孔子以下之儒学，乃重获新生机，发挥新精神，直迄于今。……自有朱子，而儒学几成独尊。”

关于本书取材

本书只选取了《近思录》里前两卷《道体》《为学》作为本书的主要内容，根据历代学者对原文的注解和评注，我们择其最具代表性的，翻译整理成容易读懂的现代语言。另外，在本书中经常用到“盖”这个字，因为古人在文中使用的频率很高，而用现代语言不好准确地替代，所以仍然使用这个字。

关于《道体》

《道体》是《近思录》中最重要的一卷内容。其主要论述天、地、人、物的起源及构成，更重要的是提出了天理人性的概念，这是中国古代完整的宇宙天地观，对构建内心完整的人格有重要的参考价值。

关于《为学》

《为学》是《近思录》的第二卷，也是非常重要的内容。通过对为学的论述，使学习者能全面认识到为学的重要性及为学的方法，对学习者具有重要的人生指导意义。

本书的整理

本书的整理，是为了让现代人更容易理解经典的内容，避免烦琐的训诂和考据，不以注和译为主，而以解或通为要。通过相对浅显的文字，来表达最深刻的义理，让读者在最短的时间内理解本书的精微，从而有利于自己的道德修养。所以，我将孔子、颜子、曾子、子思、孟子，以及濂溪先生、明道先生、伊川先生、横渠先生、朱熹先生他们的原文，直接翻译成现代语言，将各位注家的原文也翻译成现代语言。

关于本书

本书的写作前后经历三年多的时间，写作本书的目的是想让更多的人看到中华民族这么优秀的文化，让这种文化熏陶我们的内心，洗涤我们的心灵，唤醒居于我们内心本具的仁、义、礼、智、信，让真诚和敬畏存在我们心间，让大中至正的精神灌注我们的身体，让浩然之气充满我们全身。如果本书起到了这样的作用，我想这就是最好的结果。感谢身边所有人的支持，特别是感谢林秀风女士对儒家文化及出版本书的支持。

二〇二二年九月一日于泉城济南

目录

序言

朱熹先生曾说，他编辑《近思录》的目的就是要让此书成为学子学习“四书五经”的阶梯。初学者首先要做的就是对《近思录》进行深入学习与思考。然而这里出现了一个问题，就是历史上那些伟大的圣人，不会轻易将性命的本原讲出来，面对初学者时更是如此。而朱熹先生将最深奥的论述性命学说的“道体”放在了最前面，这是为什么呢？朱熹先生解释说，如果将关于性命本原的论述放在本书的后面，那么在书的前面突然出现一些“性”“命”方面的高深语言和概念，学习者就会茫然，不知到底是什么意思，就会找不到正确的为学方向，有可能被其他学说所迷惑，而走向歧途。所以朱熹先生经过认真思考，决定将“道体”列于最前面，使初学者对这方面的内容先有个大概的认识，以指明学习者的前进方向，从而定下学习者前进的阶梯，再在学习过程中逐步理解“道体”中关于天道性命等学说的论述。因为这部分内容太重要了，作为学习者，学习中国固有的学问，开始要知性，就是对本性要有全面而正确的认识；中间要复性，就是恢复本性的美好；最后要尽性，就是将美好的本性完全发挥出来，使人、物各得其所。朱熹先生讲，人如果对性没有研究透，那么所从事的一切，都可以算作低层次的，后世所出现的道不明，实际上就是性不明。“四书五经”都在说一个“性”字，那么到底什么是性呢？性就是理，就是仁、义、礼、智、信，遵循这个性就被称为道。《中庸》开卷就从“天命之谓性，率性之谓道”说起，也是这个意思。

将“道体”列于《近思录》最前面的目的，朱熹先生还说，就是教育、引导学习者，要学习如何成为一个圣贤。那究竟什么是圣贤呢？朱熹先生讲，圣贤之所以成为圣贤，就是他们将理、性、命的道理探究到了极致而已，就是说做到了“穷理尽性以至于命”的就是圣贤。

“道体”的内容，属于《中庸》的道理，至于《大学》则还没有涉及此理。比如《大学》里面讲的“明德”“至善”“天之明命”“峻德”，以及“身”“心”“意”“知”之类的内容，在《大学》里面也只是涉及了“道体”开端的部分内容，所以《大学》主要是想阐发实践道的方法，而没有将“道体”的具体内容一一揭示清楚，而此卷却将“道体”讲述得非常清晰。

此卷“道体”里面所记载的关于阴阳、性、命等的论述，对于初学者来说，理解起来确实有些困难。朱熹先生将这样难以理解的内容安排在《近思录》

的首卷，与《中庸》开篇就提出“性”“道”“教”等概念的意思是一致的，目的就是想让学习者首先知道它们的名称和意义。自汉代以来，众多儒学家没能真正了解“太极”“性”“命”等名称所蕴含的精确意义，甚至有的解释中名称和意思相背离，由此导致了在儒学上的某些差错，对儒学造成了不好的影响。所以朱熹先生就从这方面入手，选取有关言论编辑成《道体》一卷，作为《近思录》这部书的开端。

圣贤的立言是随着时代的不同而有所不同的，然而他们的目的无非是把最好的思想传播给学习者，从而也使他们的教导方法成为最优秀的模式。孔子曾经说过:“中等以下智慧的人，不可以给他讲上等智慧。”子贡也说过:“夫子对于性与天道的讲解，是不容易听到的。”圣人设立不同的教育方式和内容，是根据人品的高下而定的，针对不同的人给予不同的教育，而不敢随意超越，故而不会将非常珍贵的高妙道理轻易告诉他人。然而等到子思作《中庸》，率先举起“性”“道”“义”“理”的旗帜，将这些高妙之理广泛示现于人，这种方式是不是和孔子的不轻易讲说“性”与“天道”的意思相背离呢？原因大概是这样的：子思生活的那个时代，道学日渐衰微，异端邪说日益滋长，子思为此非常忧虑。邪说越炽盛，真正的天道学说就会有被埋没的危险。于是子思选取道学里面高深的理论编辑成书，将其中蕴含的精微义理解释出来，使道学万世昭昭于天下，使万万之民不被迷惑。这就是在那个时代不得不如此做的原因。等到了宋代，离孔子的年代更远了，道学越加荒废了，虽然有“太极”“性”“命”这样的名称，可是人们不知道它们真正的意义，又何况异端之徒，根据当时的形势，趁着天道不明，借道学之名搅乱真实，窃道学之言伤害真意，蝉噪蛙鸣，不胜其烦。这就是北宋时期的周敦颐、程颢、程颐、张载等先生，耐心教导诸学者首先要辨“道体”的原因。而到了朱熹先生那个时代，朱熹先生也将“道体”放在了此书的开端。由此来看，孔门的教导、宋儒的论述，他们的方式虽有差别，但是他们的初心并不相悖，只不过是时势不同罢了，学习者们不可不知。同时，对高深义理的名称和意义的知晓，也不是小事，一旦有误，前进的方向就会不正确，越用力越错误。由此可知，这卷《道体》不能不先讲。

——根据《近思录》整理

道体（一）

1 无极而太极

濂溪先生曰：无极而太极。

——传统意义上的宇宙、性命学说

朱熹先生认为："太极"指的是理，是理的极致，而"无极"则表示理的无形无象。

根据朱熹先生的观点，我们可以理解为：首先，理是无形无象的、不可见的，它不属于物质类，却是宇宙间一切生命和物质生长生存的依据，或者说是一种规定性。比如，在宇宙还处于一片混沌、虚无，毫无变化的征兆时，一切事物之理便已经具足，这里的“一切”指的是所有的一切。一粒种子的基因就已经决定了，将来它是一棵小草还是一棵大树。而且不管时间如何变化，理一直存在，哪怕宇宙寂灭。

周敦颐先生发现《易》里面“易有太极”这句话和道体的本原非常相似，所以他根据这个发现挖掘其中所蕴藏的道理，并著书立说来阐明它。他认为，太极是大而无以复加的至理，无极只是说它无形。具体来讲就是：天地未分之时的原始状态，虽然混沌、虚无、无声无臭、无形无象，但是其中存在着能决定万种现象、万种变化的“理”，这种“理”森然具备。只是因为太极无迹可寻，而又作为至理存在，所以它才能成为造化的枢纽，成为一切事物种类的根本。

朱熹先生曾说：“太极，是宇宙还未形成时，而理已经具备了称呼。在没有天地之时，毕竟先有的此理。无极说明的就是这个道理：宇宙之初并无一物，有的只是这个理而已。这个理就会动而生阳，静而生阴。”上面都是以太极为主来讲的。朱熹先生又说：“从阴阳这个角度来看，所谓的太极只是在阴阳里，而有人说在阴阳上面另外有一个无形无影的太极，这是不对的。因为一切存在的物质现象是不能离开阴阳的，阴阳是物质存在的本体。”这些都是以阴阳为主来讲的。所以以太极为主而言，则太极在阴阳之先；以阴阳为主而言，则太极在阴阳之内。从阴阳还没有出现而言，则所谓的太极必然应当先有；从阴阳已经出现而言，则所谓的太极即在阴阳之中。如果说阴阳之外另有一个太极，而常常作为阴阳的主宰，就必然会陷入列子所说的不生不化的错误理论中；而如果执着于太极只在阴阳之中的说法，则又会失去太极作为枢纽和根本的作用，对宇宙的大本体就不会有正确的认识。

——根据《近思录》整理

2 太极动而生阳，静而生阴

太极动而生阳，动极而静；静而生阴，静极复动。一动一静，互为其根；分阴分阳，两仪立焉。

——传统意义上的宇宙、性命学说

朱熹先生曾经讲过：太极为什么会有动静？那就是天命流行所起的作用，所谓的一阴一阳之谓道。“诚”在古代儒学中也代表天，所以圣人都将“诚”作为自己的根本。天命的流行就是“诚”的流行。由于有了“诚”的流行，万物才会有新的开始，这就是所说的“继之者善”。太极的“静”，称为“诚”之复，也就是天命流行的回归、回复。由于天命流行的回归、回复，万物形成了各自真正的性命，所谓“成之者性”。（由于性、命属于同一个理，不分开来看不会明白什么是性和命，所以程颐先生特为详细辨析：上天将阴阳五行之理赋予万物，犹如命令，所以称为命。人和物得到天地阴阳五行之理后就有了生命，居于内心的理就被称为性。命，是在造化流行刚开始的时候，生成了这个物就赋予这个物，生成了那个物就赋予那个物，上天赋予万物生命，就是所谓的“继之者善”。性，是人、物的出生，得到天地之气形成身体，那么同时内心就得到了天地之理而成为性，这就是所谓的“成之者性”。）

动极而静，静极复动，一动一静，互为其根，这就是天命一直在不停流行的原因。动而生阳，静而生阴，阴阳得以区分，两仪（天地）所以得以确立，阴阳分开是一定而不可改变的（这就是天地立的原因）。太极，本来就是如此之妙。动静，是太极之机的反映。太极，是形而上的道，属于道的层面；阴阳，是形而下的器，属于器的层面。所以从宏观角度来看，动静处于不同的时间，那么阴阳就处于不同的位置，太极则是无处不在。从宇宙来看，天地未分之时的宇宙原始状态，动静、阴阳之理已经全都具备其中了。如果在阴阳刚开始之前的位置看阴阳，看不见它们有相合的地方；如果在阴阳之后的位置看阴阳，也看不到它们有分离的时候。所以程子讲"动静无端，阴阳无始"（动和静在相互作用中，不知哪是开端，阴和阳在相互作用中，也不知哪是开始），不明了道的人，是不能认识的。

张习孔注解："太极动而生阳"，"静而生阴"，这是周子（周敦颐）的立言，这两句话不能同时说出来，所以先说动而生阳，阳极而静，静而生阴。其实这些都是同时具有的，不分先后，要看"互为其根"这句，不是等到阳动极了然后生静。盖太极有动静，就有盈虚消长之理。动而生阳时，并非没有静。当阳逐渐增长时，则阴就会逐渐缩小，当阳增长到极致时，就是阴缩小到了极致；然而物不可能达到终极，于是阳又逐渐缩小，而阴又逐渐增长，其生阴时也是一样。这就是所谓的"互为其根"。

——根据《近思录》整理

3 阳变阴合，五气顺布

阳变阴合，而生水、火、木、金、土；五气顺布，四时行焉。

——传统意义上的宇宙、性命学说

朱熹先生讲：有太极，这个太极就会通过一动一静的作用而形成两仪，也就是形成了天地；有阴阳，阴阳就会通过一变一合的作用，形成木、火、土、金、水这五行。五行有形质的就存在于地上，没有形质的气就在天上流行。在地上以形质而言的五行，它们出生的顺序，就是先有水，后有火，再有木，其后有金，最后有土，其中水、木属于阳性，火、金属于阴性；在天上以气的流行而言，五行出生的顺序，则是木、火、土、金、水，其中木、火属于阳性，金、水属于阴性。

有人问："阳为何说是变？阴为何说是合？"回答说："阳只要一动，阴就紧随着，所以叫作变合。"

叶采认为：水、火、木、金、土，是阴阳生出五行的顺序；木、火、土、金、水，是五行循环相生的顺序。问："阴阳生出五行与五行循环相生，它们的顺序不同，是为何？"答："阴阳生五行，是阴阳二气相交变合而各自形成的，天一生水，地二生火，天三生木，地四生金，天五生土，就是所谓的'阳变阴合，而生水、火、木、金、土’。五行循环相生，就是一气之推，循环相生的作用，木生火，火生土，土生金，金生水，水又生木，就是所谓的‘五气顺布，四时行焉’。”问：“为什么会有这两种说法？”答：“阴阳二气变合作用而生的五行，源自两个对立之体；一气循环而生的五行，本自一气流行的作用。”

张习孔认为：水、火、木、金、土，是依据《河图》生成的顺序而讲的（可以参看讲先天之数的《河图》）。五气顺布（木→火→土→金→水）又是以五行相生的顺序，依据四时（四季）流行而言的，就是所谓的文王八卦。

张伯行注解：阴阳既已分，两仪既已立，其中阴阳就不能不相交，而其中生成的作用非常明显。阳趋向阴，主要起施的作用而成为变；阴迎接阳，则主要起受的作用而成为合。于是阳一变生水，而阴以六合成之；阴二合生火，而阳以七变成之；阳三变生木，而阴以八合成之；阴四合生金，而阳以九变成之；阳五变生土，而阴以十合成之。这样生的水、火、木、金、土，而生成的自然顺序在此看得非常清楚。五行的形质在地，而气运行在天，在天的五行之气又循环相生，于是木、火、土、金、水这五行之气就顺布于天地间。而木气流行于春，火气流行于夏，金气流行于秋，水气流行于冬，土气寄藏流行于四季，那么四时流行顺布的自然顺序也就非常明显了。

——根据《近思录》整理

4 五行，一阴阳；阴阳，一太极

五行，一阴阳也；阴阳，一太极也；太极，本无极也。
——传统意义上的宇宙、性命学说

张习孔注解说：由于阴阳的作用生出了五行，那么出生后的五行，就各自拥有了属于自己的性，也就是五行各自拥有了属于自己的太极。将五行合起来看，五行源自一个太极；将五行分开来看，那么太极的全体又无处不在。

张伯行注解说：五行既然有生成和顺布的不可思议的妙用，那么天地的造化发育具有错综复杂的变化，没有极限（理是没有极限的）。然而依据五行的根本而言，五行既然有清浊的不同，可知它们的质也是不一样的，而质并没有超出阴阳的范围；五行的出生虽然有先后的不同，然而时间也没有超出阴阳的范围；五行的位置虽然有不同，然而位置也没有超出阴阳的范围。展开来讲，一切事物都没有超出阴阳的范围，所以说“五行，一阴阳”。阴阳分散于万物之中，虽然没有一物不是在阴阳之中，无时不在阴阳之内，而实际上阴阳是由太极的动静生成的，所以说“阴阳，一太极”。至于太极之所以如此，则是由于唯一存在的理起着作用，太极起初没有声、臭，没有可闻可见的形象，所以说“太极，本无极”。

——根据《近思录》整理

5 五行之生也，各一其性

五行之生也，各一其性。

——传统意义上的宇宙、性命学说

南宋叶采在其《近思录集解》中讲：张南轩讲，木、火、土、金、水五行出生后，质虽然不同，太极的理却都存在于五行之中，五行就具有了各自之性，这个各自之性就是仁、义、礼、智、信的理，五行又各自专一于一项，其中木主仁、火主礼、土主信、金主义、水主智。

清代张习孔在《近思录传》中讲："五行之生"的"生"字，就是"阳变阴合而生水火木金土"的"生"字。由于阳变阴合的作用，而生成五行。此处所说的五行，是从阴阳的作用所生的五行而讲的，这里只有其理，还没有堕于气质中。至于下文"无极""二五""妙合而凝"，这些才是从气质上讲的。这一段，严时亨与朱子问辨甚是频繁，讲的都是"妙合而凝"的意思。通过五行的出生来讲，义理的性与气质的性，这二者是忽而彼又忽而此的关系，难以区分。阴阳的变合作用生成的五行，虽然说只有一种，然而须知其中有未受气质的五行，有已受气质的五行。比如，天一生水、地二生火所生的水、火，与漂流燔燎的水、火，自然就有体与用、道与器的分别。虽然说太极的全体无处不在，然而堕于气质的五行，与从阴阳太极所生的五行，则是有区别的。

清代张伯行在其《近思录集解》中讲：木、火、土、金、水五行，固然同属于一个太极，而五行出生后也具有了形质，那么理就随着气也存在于五行的形质之中了，于是五行和理中的仁、义、礼、智、信各自对应，以成为各自之性。比如木以曲直为性，火以炎上为性，金以从革为性，水以润下为性，土以稼穑为性。这就是五行各具一太极，而性又普遍存在于万物之中，由此可知。

清代茅星来在其《近思录集注》中讲：朱子讲，五行就是一个阴阳，阴阳就是一个太极，不是太极之后另外生出的阴阳五行，也不是阴阳五行之上先有的太极。无极而太极，太极本无极，不是无极之后另外生的太极，也不是太极之上先有的无极。问："无极、太极本来不是二物吗？"无极而太极，在这个无极里面万象森列，所以不能称它什么都没有。太极本无极，然而太极之体又是空寂无形的，所以又不可称它为有。又讲：虽然讲五行各自有一本性，然而在一个物体中又各具五行之理，不可不知，邵康节曾经推敲得非常细致。

——根据《近思录》整理

6 无极之真，二五之精，妙合而凝

无极之真，二五之精，妙合而凝。

——传统意义上的宇宙、性命学说

南宋杨伯喦在其《泳斋近思录衍注》中讲：无极称为真，是根据理而言的，所以无极就是真理的状态；二五就是阴阳二气和五行之气，二五称为精，是根据气而言的，所以二五是精气的状态。无极的真理和二五的精气，这两者从来就没有分离过，因为并不是无极的真理是一物，二五的精气又是另一物。一阳之动刚开始短暂分离为二，而今又是合二为一的。

清代张习孔在其《近思录传》中讲：两仪生四象，只生四行可以吗？为何生的是五行，又为何止于五行而不生六行？这里讲的两仪生四象的二生四，讲的是生卦的顺序。生五行，为什么是五呢？因为这乃天地阴阳所具有的，只有这个数，不可增不可减，所以这和生卦的顺序意思自然是不一样的。中，就是一而已，有中则有前，有前则有后，有前后则有左右，所以是前后左右中，五。这里本来就是不可减之为四、增之为六的。《河图》之数，虽然是龙马所呈现于世的，然而《河图》所包含之数的道理是天地的自然，所以天地间就有相应的理、数、部位。陈抟、种放等人，根据《河图》的理论，深入思想，悟而有得。周敦颐讲的“五气顺布，四时行焉”，也是从《河图》看出来的。

——根据《近思录》整理

7 二气交感，化生万物

“乾道成男，坤道成女”，二气交感，化生万物。万物生生，而变化无穷焉。

——传统意义上的宇宙、性命学说

南宋杨伯嵒在其《泳斋近思录衍注》中讲“乾道成男，坤道成女”，这里并不是特指人类。万物里面凡是属于雌雄、牝牡之类的，都是乾坤之道、男女之象。

清代张伯行在其《近思录集解》中讲：木、火、土、金、水五行，虽然各自有一性，然而五行的源头实际上是无极。无极本来就是实有的理，就是所谓的真。至于阴阳二气和五行之气，它们承载着理，出自无极。阴阳二气和五行之气都是纯正之气，就是所谓的精。真实之理加上精醇之气，经过奇妙的会合而凝聚成形并呈现出来。其中，阳之健，属于乾道，实成为男，而父道得以确立；阴之顺，属于坤道，实成为女，而母道得以实现。由于理主宰气，阴阳二气在理的主宰下，经过错综复杂的变化而生成了万物。人、物之所以通过气化而生，原来是得自理和气的真精之妙，由此可知，万物共同出自太极。由于气的聚集变化作用，万物形成了，万物又各自形交气感，从而使万物生生不已，无有穷尽。人、物通过气的聚集生成形体，又各自得到理气真精之妙，于是每一个生命就各自拥有了自己的太极。合起来讲，万物总体是一个太极；分开来讲，万物又各自具有自己的太极。万物不能没有性，而性又在万物之中各自具足，这个道理不是非常明显吗?

清代茅星来在其《近思录集注》中讲：朱子是这样讲的，天地刚刚分开时，没有人类，气的蒸腾结聚生成了两个人，后来才生出万物，所以先讲“乾道成男，坤道成女”，然后讲“化生万物”。又讲：生命之气流行，是一下子全都滚出来的。天地的生命刚刚开始时并不是把最全的气给予人，然后再减少一部分气分配给物，不是这样的，万物禀受上天之气的多少只是随其所得。与人相比，物本来就是昏塞的（得到的气不清且不通畅），而昏塞之中也有轻重，昏塞尤其严重的得到的气非常不清，是气里面渣子最多的一种。又说：太极只是个极好至善的道理，人人有一个太极，物物有一个太极。问：“无极而太极”，朱熹先生说这五字增减不得，为何此处讲“无极之真”却不讲“太极”？答曰：“真”字便是太极。

清末张绍价在其《近思录解义》中讲：真就是太极，赋予人就成了性。理与气相合就会生人生物。人、物出生后，得天地之理成为性，得天地之气成为形。

——根据《近思录》整理

8 唯人也，得其秀而最灵

唯人也，得其秀而最灵。形既生矣，神发知矣，五性感动而善恶分、万事出矣。

——传统意义上的宇宙、性命学说

（得义理之正，进乎阳明而为善；任血气之偏，入于阴暗而为恶。善恶一分，万事皆从此出。）

朱子是这样讲的：世间每个人都具有动静之理，天上的理和人内心的性是对应的；内心的性分为五种，就是仁、义、礼、智、信，也被称为五常。这五个性容易被外部世界所感，从而引发活动，所以说“常失之于动”。

人和物出生后，他们身上都具有太极之道。然而在阴阳五行气和质的交互运动中，唯独人类所禀受的气是最优秀的，所以人心是最灵的，而且只有人类的内心具有仁、义、礼、智、信完整的心性。古人所说的天地之心，在人身上都会得以体现。

——根据《近思录》整理

9 圣人定之以中正仁义，而主静

圣人定之以中正仁义，而主静。

——传统意义上的宇宙、性命学说

清代张习孔在《近思录传》中记载：有人问主静是什么意思，朱熹先生回答说，这个静与动不是对应的关系，此静不是动静的静。这个静是天德、性真、心原、道妙的总名，是中正仁义之主。“圣人定之以中正仁义”，就是通过静来主导的。对这个“静”字的解读，如果讲精辟，没有比这里讲到的更精辟的了；如果有唯一标准，那么这里讲到的就是唯一标准。因为唯有主静，作为人方面的理将无以复加，而作为人的最高标准也就建立起来了，如果解释为动静之静，那么这个理就解释不通了。

现在讲，以什么为主建立做人的最高标准呢？那么为主的这个理必须是专一而且尊贵的。由此就知道了，周敦颐先生提出的所谓静，不是上文“动而生阳”“静而生阴”的静。周子在自注中讲的“无欲故静”，并非指“阳动阴静”的静，就非常明显了。这个“静”字，立于动静之先，就如太极立于阴阳之先一样，地位至尊而独立。圣人通过此静洗心而退藏于密，所以称为静。这个“静”字，是母，其中又包含“动静”二字，是子。这样来看，和理才不悖。

——*根据《近思录》整理*

10 立人极焉

立人极焉。

——传统意义上的宇宙、性命学说

清代张伯行在其《近思录集解》中讲：这句话是接着上文讲的。人作为万物之灵，因为内心容易受外物的影响而把持不住，容易发生变化而导致行为失当，所以圣人根据这种情况，不得不将做人的标准树立起来，以改变这种现象。

因阴气聚集而成形，所以阴气使人类有了形体，形体形成后就有了实质；阳气的运动使这个实质的形体有了神，此神发动，于是人的生命就有了知。与此同时，上天赋予人内心的仁、义、礼、智、信五性，受外物所感而动，感得义理之正的就进入阳明而成为善，听任血气的偏胜就会入于阴暗而成为恶，于是就有了善恶的区分。而人在外界遇事接物，会有千千万万不同的变化，于是人生中遇到的千千万万之事，都是从这里发出的。如果圣人不树立做人的标准，那么人就会受欲望的驱使而感情泛滥，这种人的行为就会等同于禽兽。

幸运的是有圣人出现，圣人的气质清明，是人类当中最优秀的。他经过认真思考，认为人类有着共同的性，有着共同的理，于是他修道为教，而定立“大中之礼”“至正之智”“不忍之仁”“合宜之义”。圣人定立的仁、义、礼、智都属于一个完整的太极，不需要把这些分为动、静。因为其动的地方也必然和静的地方一样，在这样的状态下，阴阳合德相互作用，仁、义、礼、智、信五种心性具足，所以一主静，则作为人的最高标准就确立了。然而由于世人身上都具有动和静的道理，而世人又会普遍地因为妄动而出现过失，所以圣人通过动也定、静也定来确立这个做人的最高标准，把天下之动当作一，那么人不仅会成就自己，还能成就万物，如此之功，何其伟大啊！

——根据《近思录》整理

11 故圣人与天地合其德

故圣人与天地合其德，日月合其明，四时合其序，鬼神合其吉凶。

——传统意义上的宇宙、性命学说

李果斋讲：内心的仁、义、礼、智、信，这五性容易被外界事物所感而动，由此分出了善恶，这是五性各自都有动有静的原因。唯有圣人能使自己的心性安定而主静，所以即使动也不会出现不善，这样人心的太极就建立起来了。盖人生而静，性的本体就是湛然无欲的，主静，是建立做人的最高标准的要领。

清代张伯行在其《近思录集解》中讲：承接上文，讲的是圣人的全体太极，其表里精粗，都是浑然的天理，无论在哪里都是适宜的。负天地之德是如此广大，圣人的道德能与之相合，也极其广大；光华是日月之明，圣人的睿智之光与日月的光华相合，就能照耀世间。春夏秋冬四时的演变，顺序是非常明显的，圣人与四季相合而随四季变化，这一切都是出于自然。圣人在不同的位置成就不同的事业，这样与那阴阳动静的道理，在广大的天地间共同流行。

——根据《近思录》整理

12 君子修之吉，小人悖之凶

君子修之吉，小人悖之凶。

——传统意义上的宇宙、性命学说

南宋叶采在其《近思录集解》中讲：朱熹先生是这样说的，圣人有着完整的天理和人性，他的一动一静，无不是内心中正仁义的极致。圣人不借助任何修为就能自然达到这样；世间之人如果不能，就要像君子一样去修行，如此才会吉祥。小人不知如何去修行，又背离这个道，就必然会出现凶险的事情。是去修行它还是背离它，取决于人们内心是敬还是肆。内心充满敬，则欲望少而道理明，欲望越来越少，以至于无，那么内心就会达到大公光明的境界，而圣人之道就可以学习了。

清代茅星来在其《近思录集注》中讲：朱熹先生是这样讲的，修吉、悖凶，是此篇最紧要的地方，而其根本则是主于静。

清末张绍价在其《近思录解义》中讲：敬，就会戒慎恐惧而随时处中，所以修之而吉；肆，就会纵欲妄行而无所忌惮，所以悖之而凶。

——根据《近思录》整理

13 立天之道，曰阴与阳

故曰："立天之道，曰阴与阳；立地之道，曰柔与刚；立人之道，曰仁与义。"又曰："原始反终，故知死生之说。"

——传统意义上的宇宙、性命学说

南宋叶采在其《近思录集解》中讲：朱熹先生是这样说的，阴阳成象，天道就成立了；刚柔成质，地道就成立了；仁义成德，人道就成立了。天道、地道、人道，其实就是一个道。此道随事而显现，所以才有天、地、人三才的分别。而其中，三才又各自有体用的区分，但是不管如何区分，总的来说就是一个太极。阳、刚、仁，指的是事物的开始；阴、柔、义，指的是事物的终结。考察万物的开始阶段，就能知道万物出生时的情况；探求万物的结局，就能知道万物是怎样死亡的。这就是于天地之间，造化在古今流行的不言之妙，圣人作《易》的大意就是如此，所以引用此段以证其说。

叶采认为：一阴一阳就是道，道就是太极。道在天来讲是以气而言的，称为阴阳；在地来讲是以形而言的，称为刚柔；在人来讲是以德而言的，称为仁义。这样太极之体就建立起来了。死生是万物的终始，明白了死生的道理，就会体验到阴阳二气流行的奇妙之处，这就是太极的体用之用流行的原因。

这死生两端明白地阐明了太极全体的巨大作用，所以引用此作为总结，证明《太极图说》里面的意义。

清代张伯行在其《近思录集解》中讲：这里讲到的太极之理，并非只有圣人通晓，这和人品的高低有关，也和人的行为有关，普通人是这样的，彻悟死生者也是这样的。圣人建立做人的最高标准就是：人不需要刻意思维勉强去做，而是自然而然地在太极的动静循环过程中，从容坦然地实行中正仁义并且符合中道。如果做不到这样，就必须去修行，通过敬义（敬以直内，义以方外。内心恭敬、正直、真诚，在外就会用恰当、适宜的方式对待万事）的方式来建立德行，从而使人的内心每日都能得到安逸的休息，所以君子这样去做，就会得到吉祥。如果不知道有这样敬义的修行方法，就会背离，人就会出现肆意妄为的情况。由于作伪，心就会出现不同程度的劳累，从而使心日益笨拙，所以小人就会遇到凶险的事情。君子、小人的分界就在于内心是敬还是肆，所以人不可不勉励自己，努力持敬，使自己的内心大公而光明，这样或许就可以达到圣人之学吧！

——根据《近思录》整理

14 大哉《易》也，斯其至矣

大哉《易》也，斯其至矣！

——传统意义上的宇宙、性命学说

朱熹先生讲：太极是极致的，大到没有边际。太极至高至妙、至精至神，没有边际。周敦颐先生恐怕有人说太极是有形的，所以才说“无极而太极”，是说在无中有个至极之理。比如皇极是在天下的中央而立，四方聚集，更没有边际，移到这边也不是，移到那边也不是，只是在中央，四畔聚集到这里。他又说：理与气本无先后可言，但从时间往上推，却好似理在先，气在后。理并非另一个物，它就是存在于气中的，若没有气，则理也没有依附。气为金、木、水、火，理则为仁、义、礼、智。又讲：太极动而生阳，动极而静，静而生阴。在成为真正的动以前，是没有静的。程颐先生讲：“动静无端，阴阳无始。”盖也是从那动处说起。若论动，则以前又有静，静以前又有动，比如说“一阴一阳之谓道，继之者善也”，这个“继”字就是动之头，如果只有一阖一辟而没有继，就终止了。

——根据《近思录》整理

道体（二）

1 诚，无为

诚，无为。

——传统意义上的宇宙、性命学说

朱熹先生曾讲：真实之理是自然的，不需要刻意为之，这个真实之理就是太极。

张伯行在《近思录集解》中解释说：怎样才能做到人的内心和天理完全吻合呢？也就是人要怎样才能将天理完全做好呢？这首先需要认识宇宙的本

体。周敦颐先生讲：宇宙的本体在还没有动静时，是本然的至善，诚，就是这个本体，是真实无妄的意思。无为，由于真实之理是自然而然的，不涉及人为，所以说无为。人在刚刚出生时，婴儿内心的宁静状态就是没有人为的自然状态。理的真实无妄，是不需要涉及人为的，在寂然不动之中只感觉到浑然至善，能守住最初的静正，这就是契合天地的圣人，就是太极。

有人问：既然是诚而无为，在这个状态下恐怕是没有恶吧？朱熹先生回答说：人的内心在诚而无为的状态下，还没有为外界所感，这时仁、义、礼、智、信五性俱全，什么都是善的；等到对外界事情有反应了，才开始有照管不到、处置不当的地方。结合下文看，一旦有了善恶，就是后面要讲的事了。

——根据《近思录》整理

2 几，善恶

几，善恶。

——传统意义上的宇宙、性命学说

朱熹先生讲：几是动之微（动，然而未成形，在有无之间的就是几），善恶由此而分。人心在萌动的瞬间，天理固然应当生发、显现，而人的欲望也在其间萌发了，这就是阴阳的现象。（天理、人欲同时出现。）

张习孔在《近思录传》中讲：几是动之最先者（动有先后，最先动的就是几），这个时候就有了善恶。朱熹先生认为这是最紧要之处，过了这个时机就来不及了。

张伯行在《近思录集解》中讲：这是要人谨慎地对待动。几，动之微（动而未形，有无之间者，几也），自然萌发的动就是善，一有所杂，就是恶。这个几非常精微，要尽早辨别出来。盖人心不能无动，一有所动，则天理在此处就显露出来了，人的欲望也自此处潜藏萌芽了，这就是所谓“人心惟危，道心惟微”的意思，这也是阴阳的现象。

朱熹先生讲：《通书》经常提到“几”字，这个“几”字从近处自身来说就是公私邪正，从远处家国来讲则是废兴存亡，只要在此处看破，就能掌握它们的运转规律了。这是日用第一的亲切功夫。惟精惟一，克己复礼，就是对待几这个事。又讲：天理与人欲的区分，争论得很多，所以周敦颐先生每次都说“几”字，然而辨别它又不能不早，故而横渠先生每次又都说“预”字。

——根据《近思录》整理

3 爱曰仁

德：爱曰仁，宜曰义，理曰礼，通曰智，守曰信。

——传统意义上的宇宙、性命学说

朱熹先生讲：道，在自己身上得到了，就称为德。德有五种作用，如果为这五种德之体命名，就是仁、义、礼、智、信，它们是五行之性。

张伯行在《近思录集解》中讲：这是要人知道性所具有的理是什么，然后让人尽全力去践行此理的意思。道得于身称为德，虽然心在萌动之时有善恶之分，但其实善乃性中本然之理所生发、显现的。既然道已经得之于身了，而体用从此就可知了。道体不可见，于用处见，它的用处是：人有恻隐之心能有爱，就用“仁”命名这个理；处理事情时恰当适宜，就用“义”来命名这个理；人的内心有秩序条理，就用“礼”来命名这个理；内心明哲能周通，就用“智”来命名这个理；人的内心确实有操守，就用“信”来命名这个理。（根据“道体不可见，于用处见”这句话的意思可知，通过仁、义、礼、智、信这五种作用，从而可见道的体。）这也就是五行之性。

朱熹先生说：几分为善恶，德只是根据善这方面讲的，成为圣、成为贤，都是从仁、义、礼、智、信这五项做成的。诚就是性，几就是情，德是兼性、情而言的。

宋熊节《性理群书句解》卷十七熊刚大注：道之有得于身谓之德，于爱则谓之仁，处事得其宜谓之义，万物各得其理谓之礼，周乎万事而通达则谓之智，凡事固守而不易则谓之信，即五行之性也。

——根据《近思录》整理

4 性焉、安焉之谓圣

性焉、安焉之谓圣。

——传统意义上的宇宙、性命学说

朱熹先生讲：性，是得天独厚的。安，是天理俱全的。圣者，是大而化之的称呼。圣人有得天独厚之性，内心天理俱全，他能将美德发扬光大，达到自然精妙的最高境界。圣者不需要勉强自己，而自然就能做到诚立、几明、德备。

张伯行在《近思录集解》中讲：圣人之性，是得天独厚的；圣人之安，是天理俱全的。圣者是大行其道而教化天下的称呼。盖人内心寂然不动的诚之本体都是一样的，动之微的几都是一样的，天理之德都是一样的，然而每人的造诣各有不同。圣人是不思不勉，从容中道的；圣人之性就是诚的本体，不待存而自存；圣人天理俱全，在念头刚刚萌生时，不用辨别而自明。圣人就是道德纯粹而无亏、浑然无间的，使天下大行其道，使天下之人都能得到教化的，也就是程颐先生所说的“中心安仁者，天下一人”的意思。

——*根据《近思录》整理*

5 复焉、执焉之谓贤

复焉、执焉之谓贤。

——传统意义上的宇宙、性命学说

朱熹先生讲：复，天道循环，又运转至此；执，守持；贤，才德过人之称。有一类人，能对宇宙和内心寂然不动的本体不断地进行思考，能经常对自己内心的萌动，善恶刚刚分开之时进行正确的判断，从而成就了自己之德，并能守持此德，这就是贤。

张伯行在《近思录集解》中解释说：复，返回其所固有的；执，保持住而不失掉；贤，才德出众之称。没有达到圣人的境界，就必须在思维宇宙的本体上多下功夫，从而恢复自己的本然之性；殚精竭虑地研判几之学，在善恶初分之时，就保持善念而坚定地守护，这样，自己的德行就会每日增进，从而成为才德出众的贤人。

——根据《近思录》整理

6 发微不可见、充周不可穷之谓神

发微不可见、充周不可穷之谓神。

——传统意义上的宇宙、性命学说

圣人之心与全体宇宙的寂然本体是完全一样的，当圣人的念头微微一起时，这个念头虽然极其细微且隐而不可见，但是它的作用是周遍无穷而妙不可言的，这就是神。

张伯行在《近思录集解》中解释说：贤人的复、执，本来就不如圣人的性、安，而圣人的妙用更是难以想象的。圣人的念头一开始萌发，全部之理就已具备，发之微妙而不可见。理寓存于气中，气无处不在，而理也无所不至，充之周遍而不可穷尽，这就是至诚不二的宇宙本体，与上天是一样的；而妙用不测，乃圣而不可知的神。圣人的神是极其微妙的，贤人的造诣则可以通过努力得以增长。士人如果能真诚地存诚审几来成就自己之德，则从希望成为贤人，到希望成为圣人，再到希望成为天，这个过程自然不会停止。

——根据《近思录》整理

道体（三）

喜怒哀乐之未发谓之中

伊川先生曰：喜怒哀乐之未发谓之中。中也者，言寂然不动者也，故曰天下之大本。发而皆中节谓之和。和也者，言感而遂通者也，故曰天下之达道。

——传统意义上的宇宙、性命学说

朱熹先生讲：喜怒哀乐，在人的内心属于情；此情没有发动的状态，在内心则属于性。此性丝毫没有偏重哪一方或者偏向哪一方，所以称为中；喜怒哀乐之情一旦发动，这些情又都符合世间的礼义法度，这就是正当的情，没有任何不合情理之处，所以称为和。大本，就是天命的性，天下的理全都由此性发出，是道的体；达道，就是遵循天性的称呼，是天下古今所共同沿用的，是道的用。

张习孔在《近思录传》中解释说：中、和是从性情的角度讲的，寂感是从心的角度讲的，虽然好像是有分别，然而在喜怒哀乐没有发动时能见到的只是其感而遂通的本体，等到喜怒哀乐发动时，见到的是其寂然不动的作用。寂然不动，是无时不感，感而遂通，是无时不寂，这就是天命的全体。“通”仍然是指感的人，如同“人通天下之志”的“通”。

张绍价在《近思录解义》中解释说：中，是天下的大本，以此确立太极之体。和，是天下的大道，以此知道太极作用的流行。喜怒哀乐未发的中，指的是寂然不动诚之体的无为状态；喜怒哀乐发动的初动处就是几，发动都符合礼义法度，感而遂通，就会有善而无恶。而爱、宜、理、通、守，都在其中。

——根据《近思录》整理

道体（四）

心之体用

心一也，有指体而言者，有指用而言者，唯观其所见何如耳。

——传统意义上的宇宙、性命学说

张伯行在《近思录集解》中解释说：心统性情，所以有体有用。具备众理的是心之体，能应万事的是心之用；寂然不动的是心之体，感而遂通的是心之用。体就是性，指体静静存在于中而讲的；用就是情，指的是在外界所见到的动。随着指向的不同，而各有不同的所见，也只有去观其所见，所以体、用得以区分。简要地讲，说到体，而用就在其中，说到用，而体也于此显现。

张绍价在《近思录解义》中解释说：仁、义、礼、智，是心的体，是性。恻隐、羞恶、辞让、是非，是心的用，是情。这就是张载先生所说的“心统性情”。

——根据《近思录》整理

道体（五）

四德之元，犹五常之仁

四德之元，犹五常之仁。偏言则一事，专言则包四者。

——传统意义上的宇宙、性命学说

四德，即《易经·乾卦·文言》所指的元、亨、利、贞。元，是天地生发万物之始，一切善的根本都从此出，是众善之首。五常，就是仁、义、礼、智、信，常是常道，不可更易的道理。

叶采在其《近思录集解》中解释说：《乾卦·彖传》记载，在天来讲就是四德，元、亨、利、贞；在人来讲就是五常，仁、义、礼、智、信。分开来讲，元是四德之一，仁是五常之一。专门讲元，那么亨、利、贞就在元中；专门讲仁，那么义、礼、智、信都在仁中。元，指的是天地间的生生不息之理；亨，指的是理的亨达；利，指的是理的顺遂；贞，指的是理的中正。仁，指的是人心的生生不息之理；礼，是仁的节文；义，是仁的裁制；知，是仁的明辨；信，是仁的真实。朱熹先生讲：仁这一事，因为包含着义、礼、智、信这四者，是个完整的仁，所以不能离开其中的任何一项而另外求得一个完整的仁。又讲：仁是生的意思，通贯周流于义、礼、智、信这四者之中，必须得到辞逊、断制、是非这三项，才能成就仁的事。

——根据《近思录》整理

道体（六）

天所赋为命，物所受为性

天所赋为命，物所受为性。

——传统意义上的宇宙、性命学说

朱熹先生讲：命，上天赋予人命，犹如朝廷给人封官授爵。性，仁、义、礼、智、信五性，犹如职责、任务。上天将理授命于人，人禀受此理，则称为性。

张伯行在《近思录集解》中解释说：性命就是同一个理，不分开看则不会分晓，所以伊川先生特意来辨析它们。上天将阴阳五行之理赋予万物，犹如命令那样，所以称为命。人和物得到天地之理而有了生命，各自禀受此理而全然具备于心，所以称为性。盖命是在造化刚刚开始流行之时，生了这个物就赋予这个物以命，生了那个物就赋予那个物以命，这就是所谓的继之者善。性，是人和物出生以后，得到天地之气而成为形体，同时又得天地之理而成为性，就是所谓的成之者性也。人和物的性，虽然得到的天理没有差异，可是由于气有偏正，所以理随着气就有了通与不通的区别，故不得不将尽性至命的责任交给专属之人。

朱熹先生讲：上天通过阴阳五行之气变化生成万物，气的凝结作用使万物成形，而理也随之赋予万物，犹如命令一样。于是人和物的生命，因为各自得到了上天所赋予之理，而成为健且顺的仁、义、礼、智、信这五常之德，就是所谓的性。

——根据《近思录》整理

道体（七）

《剥》之为卦

《剥》之为卦，诸阳消剥已尽，独有上九一爻尚存，如硕大之果不见食，将有复生之理。上九亦变则纯阴矣，然阳无可尽之理，变于上则生于下，无间可容息也。圣人发明此理，以见阳与君子之道不可亡也。或曰："《剥》尽则为纯《坤》，岂复有阳乎？"曰："以卦配月，则《坤》当十月。以气消息言，则阳剥为《坤》，阳来为《复》，阳未尝尽也。《剥》尽于上，则《复》生于下矣。故十月谓之阳月，恐疑其无阳也。阴亦然，圣人不言耳。"

——传统意义上的宇宙、性命学说

张伯行在《近思录集解》中解释说：伊川先生根据《剥》卦的上九这一爻而发明此理，以说明阳气不会完全消失的道理。《剥》之为卦，六爻之中有五爻都是阴，诸阳几乎消剥尽了，独有一阳在上，有复生之机。譬如众果俱落，尚有硕大的一果，可以再次为种而生。如果上爻也变，则会成为纯阴的《坤》卦。然而阴阳的消减与增长循环不已，本来就没有完全消失的道理，阴气的消剥刚刚在上九完成，阳气已经悄然生于下方了，没有一瞬的停息。阳之道即君子之道，阳之道不可亡，即君子之道不可亡也。有人对《坤》卦有疑问，认为《坤》卦纯阴而无阳，岂知即使以《坤》卦来论，阳也不曾消亡。又说：以卦来搭配月而言，则《坤》是十月之卦，十月乃阳月。根据气的消减和增长而言，气完全消尽之时，即是气的增长之始，阳气刚刚消减为《坤》，同时渐长为《复》了。由此可知，阴阳二气，如果根据其流行而言则是一气，所谓的“阳中有阴，阴中有阳”。

江永在其《近思录集注》中评注：天运的流行，本来就没有一息的间断，岂能解释为一个月无阳？比如叶变黄掉落之时，而其实萌芽已生。如果不是这样，那么就会出现树木在冬季还是青的，必先萌芽，然后旧叶才掉落的不正常现象。如果要论变，则天地无时无刻不在变，不光是月变日变，时也在变，只是人不觉而已。

——根据《近思录》整理

道体（八）

一阳复于下，乃天地生物之心也

一阳复于下，乃天地生物之心也。先儒皆以静为见天地之心，盖不知动之端乃天地之心也。非知道者，孰能识之？

——传统意义上的宇宙、性命学说

张伯行在《近思录集解》中解释说：这是解释《复卦·彖辞》。十月纯阴，生发之意也几乎停息，而一丝阳气又开始在下面生出，这就是天地生物之心不会停止的意思。盖天地之心原本就在动静之间，没有任何间隙，况且动也是在静的基础上开始的。然而当静时，阳气伏藏，天地之心就没有了任何迹象可见。等到阳气生长旺盛、万物繁茂之时，则天地之心又变得散漫而不可见了。唯有在阳气将要灭绝而重新生起、静到极处而刚要动之时，就是所谓的端，天地之心正是在此端能见到。先儒都认为静属于本体的状态，也就以为在静中能见到天地的正心，殊不知真正能见到天地之心的，是本体静极而动的动之端。倘若能真正地知道这个道理，也就会知道一阴一阳就是道，道是不会止息的了。故程颐先生讲“非知道者，孰能识之”。

——根据《近思录》整理

道体（九）

仁者，天下之公，善之本也

仁者，天下之公，善之本也。

——传统意义上的宇宙、性命学说

叶采在《近思录集解》中说：仁，是将天下万物视为一体，所以讲天下之公。孟子说人具有恻隐之心、辞让之心、羞恶之心、是非之心以及千万种的善行，这些都是由仁统一起来的，故说仁是善之本。

——根据《近思录》整理

道体（十）

有感必有应

有感必有应。凡有动皆为感，感则必有应。所应复为感，所感复有应，所以不已也。感通之理，知道者默而观之可也。

——传统意义上的宇宙、性命学说

叶采在《近思录集解》中解释说：《咸》卦九四传。屈伸往来，感应无穷。自屈而伸，则是屈者感，伸者应；自伸而屈，则是伸者感，屈者应。明白了此中道理，那么天地阴阳的消长变化、人心物理的表里盛衰，其中最重要的就是感应之理。

张伯行在其《近思录集解》中解释说：《系辞》于《咸》九四爻，说明的是屈伸往来之理，而伊川先生又据此阐释之，说明天地之间就是感应而已。如气机的消（消减）而屈，则成为日月寒暑之往；气机的息（生长）而伸，则成为日月寒暑之来。其间来而复往，往而复来，屈之终就是伸之始，伸之终就是屈之始。自感自应并非有外在之物的影响，凡是动都是感，感应互相作用，所以循环不已。这是天道自然的常理，人能够知道此常理，默而观之，则知天地的感应不是刻意为之的，而是无心的。圣人也是无心感之，这就是尽道。否则来来往往（感应），将会形成无数的纷扰。

江永在《近思录集注》中解释说：朱熹先生讲，凡在天地间，无非就是感应之理，造化与人事都是如此。如下过雨后便会感得晴天，晴天已经是应，又会感得雨来。寒暑昼夜，无不是此理。如父慈则感得子孝，子孝则感得父越慈，其道理也是一样的。

张绍价在《近思录解义》中讲：以人事而言，感到的是公则应的也是公，感到的是善则应的也是善，那么感到的是不公则应的也是不公，感到的是不善则应的也是不善，所以君子非常慎重地对待其所感。

——根据《近思录》整理

道体（十一）

天下之理，终而复始，所以恒而不穷

> 天下之理，终而复始，所以恒而不穷。恒非一定之谓也，一定则不能恒矣。唯随时变易，乃常道也。天地常久之道，天下常久之理，非知道者，孰能识之？
>
> ——传统意义上的宇宙、性命学说

张伯行在《近思录集解》中解释说：这是解释《恒卦·彖传》“终则有始”的意思。朱子本注讲：“久于其道，终也；利有攸往，始也。”终是静之极，始是动之端，终而复始，动静相生，所以天下之理恒久而不穷。恒不是固定不变的意思，执着于固定不变，那么变易的神奇之用就没有了，这样就做不到恒了。唯有随时变化，在极致的变化中有不变的存在，这才是常道。日月之所以能恒久地光明，春夏秋冬四时之所以恒久地更替，圣人之所以能恒久地遵循其道而成功地教化天下，都是这个常道的作用。不明白天道自然的人，怎么能认识这延续万古的天地自然之性呢?

朱熹先生讲：地位高低的不同，也代表着各自本分的不同，本分固然不能改变，然而上下不交集也不行。比如，父子之间固然应该亲近，然而也有所谓的“命士以上，父子皆异宫”之说，则又有变化。父与子相处时，父亲要有威严，对子女不能过于亲昵；骨肉之间虽然应该相亲相爱，但是不能失礼和怠慢。如果有失礼、怠慢的地方，就做不到父慈子孝了。所以父子之间过于亲昵，必然会产生怠慢姑息之心。士大夫阶层以上的官员，要求父子不住在一起，这是防止亲昵的办法；为父母按摩止痛、铺床叠被，这不属于怠慢、失礼的行为。

朱熹先生讲：恒不是固定不变的意思，所以白昼之后必然是黑夜，黑夜之后又是白昼；寒冬之后则必然是暑夏，暑夏之后又是寒冬。如果是固定不变，则不能这样已常变化了。在人事方面，冬日则饮汤，夏日则饮冰。可以出仕时则出仕，可以止时则当止。今日道合就顺从道，明日不合则离去。又比如孟子不接受齐王之金而接受薛国、宋国的馈赠，都是随时变易，所以可以常久。

——*根据《近思录》整理*

道体（十二）

所谓下愚有二焉：自暴也，自弃也

“人性本善，有不可革者。何也？”曰：“语其性则皆善也，语其才则有下愚之不移。所谓下愚有二焉：自暴也，自弃也。人苟以善自治，则无不可移者，虽昏愚之至，皆可渐磨而进。唯自暴者拒之以不信，自弃者绝之以不为，虽圣人与居，不能化而入也，仲尼之所谓下愚也。然天下自弃、自暴者非必皆昏愚也，往往强戾而才力有过人者，商辛是也。圣人以其自绝于善，谓之下愚，然考其归，则诚愚也。”“既曰下愚，其能革面，何也？”曰：“心虽绝于善道，其畏威而寡罪则与人同也。唯其有与人同，所以知其非性之罪也。”

——传统意义上的宇宙、性命学说

张伯行在《近思录集解》中解释说：这是根据《革》卦上六爻辞而发明的。讲的是人性本善，本来是不需要改变的，然而有的人作了恶却是无法改变的，为何呢？盖以性而言，性就是理，上天赋予人的理都是善的；以才而言，人禀受上天之理以生，而所生的气质有昏明、强弱的不同，所以根据其性发出来而成为人的才，也会不同。下等的愚人气质不会改变，是因为他们的气质昏弱至极，然而这种情况也不是无法改变，乃由于他们自己不肯改变而已。下等的愚人气质无法改变，有自暴、自弃两种人。盖人性本善，如果肯以善自治，发愤向学，百倍其功，断然没有不可改变的道理，即使他的气质非常昏弱，也可逐渐磨砺而上进，这就是所谓的“愚必明”“柔必强”。如果他自己不想改变，别人再如何去帮他，也是无能为力的，即使是圣人也没有办法。这就是孔子所谓的“下愚不移”。观察自暴、自弃者的所为，可知这样是不能改变人的气质的，是真的不能改变。然而他们最初的气质，也并非都是非常昏愚，比如历史上的商纣王。他的天资并不昏愚，而最终却不免成为下愚之人，圣人认为这是因为他自绝于善，所以才这样说他。然而既然他自绝于善，那么也就真的归于不善了。愚下之人属于气质的原因，而自暴、自弃的人则属于人为的原因。气质的下愚，就是所谓的困。自暴、自弃的人则属于困而不学，这样的愚尤其下等。然称作下愚，而《革》卦上六乃曰“小人革面”。是什么原因使小人能革面呢？盖自暴、自弃的小人，内心虽然自绝于善，然而他们没有不知威严的刑罚之可畏的，所以就会思考自己如何脱于法网，那么根据他们畏惧刑罚害怕犯罪的念头，可知革去不善而向善的想法是与常人相同的。因为与常人相同，所以知道人性是本善的，而他去做不善的事，则可知不是因为本性有什么问题啊！

张绍价在《近思录解义》中解释说：君子的善是恒久的，如果人能自我改变而去为善，那么善会每日增进；小人的恶也是长久的，如果不改变，则会以恶终结。人性本善，倘若能遵循道而变易，虽然是昏愚至极之人，也可化恶而为善。而有的下愚之人不能改变的原因，自然是自暴自弃。自暴的人拒不相信本性之善，自弃的人则不相信自己有能力为善，而绝之以不为。其实人的气质不是不可以改变的，是由于自己不肯改变而已。然这些人内心虽然绝于善道，却因畏惧威严的刑罚免于罪责，由此也能知道性的本善。理义根植于内心之人，最终是不会灭绝的。

——根据《近思录》整理

道体（十三）

在物为理，处物为义

在物为理，处物为义。

——传统意义上的宇宙、性命学说

朱熹先生讲：伊川先生提到“在物为理”这句话，是说任何事物都存在理，理是不会离开事物的。“处物为义”，义，宜也，就是适宜。事物的是非可否，处之适宜，就是所谓的义。义，是指心判断事物是否适宜。那事物的适宜不适宜好似在外，然而判断其适宜不适宜则在于心。如果不是程子的这段言论，后人则未免会有义之外的见解。

张绍价在《近思录解义》中解释说：理义具备于人心，而其本原则来自天性，一物各有一理，而我之所以能够处之，各得其宜，则是义。在父子则有慈孝之理，在君臣则有仁敬之理。仁敬、孝慈，各尽其道，则是处物之义，推之于其他事，无不如此。

——根据《近思录》整理

道体（十四）

动静无端，阴阳无始

动静无端，阴阳无始。非知道者，孰能识之？

——传统意义上的宇宙、性命学说

叶采在《近思录集解》中解释说：动和静相互推动，阴和阳隐秘移行，从来就没有间断过。有间断则会有端始，没有间断所以说无端、无始。其所以能够这样，就是道的原因，道本来就是一个整体而不会有间断的。过去他人论述《剥》《复》之道时，说是道没有间断，所以不容许有丝毫的停息，又说其间隔本来就是不会断的，都是这个意思。朱熹先生讲：动静相生，如循环之无端。

张伯行在《近思录集解》中解释说：动静，是阴阳之性；阴阳，是二气之名。根据《太极图说》来看，先有动而后有静，好像有端倪可寻，却不知一动一静，互为其根，哪来的端呢？根据《易大传》来看，先《乾》卦而后《坤》卦，如果有始初可以推，而实际上的一阴一阳之谓道，岂能有开始？盖动静、阴阳之所以能这样，都是道的作用。道循环而没有间断，有间断就会有起头处，没有间断则寻不出起头处，所以说无端、无始。唯有懂得这个道理的人，才可以给他讲。

陈埴在《近思录杂问》中讲：端，是头的意思。物体之中，属于圆环的是没有头的，如果中间断开了则有头。始，是与终相对的，阴阳二气循环不止，所以没有头；阴阳二气运行不歇，所以没有开始。没有断开所以没有头，没有终止所以就没有开始。

——根据《近思录》整理

道体（十五）

仁者，天下之正理

仁者，天下之正理，失正理则无序而不和。

——传统意义上的宇宙、性命学说

叶采在《近思录集解》中解释说，孔子曾讲：“人如果不仁，如何能实行礼呢？人如果不仁，如何能运用乐呢？”人如果不仁则会私欲交相混乱，对正理造成危害，容易导致外逆而无序，乖戾而不和。序，是礼的根本；和，是乐的根本。

朱熹先生讲：人如果本然的良心存而不失，则他的所作所为自然有序而和。如果此心放纵，就会把人欲私心给释放出来，怎么会有序？怎么会有和呢？

张伯行在《近思录集解》中解释说：仁，是人心所具有的天理，所以是天下的正理。心存仁则理得，所以能够秩然而有序，那么礼便由此而生。蔼然而和乐，则乐由此而生。如果本心亡失，那么正理就会沦丧。

张绍价在《近思录解义》中讲：这是解释“人而不仁，如礼何？人而不仁，如乐何？”的意思。仁作为天下的正理，人如果具有此仁，做事则会秩然有序、蔼然以和。人如果失去了正理，做事则会肆意妄为，颠倒错乱而无序，情意乖戾而不和，那么即使想运用礼乐，礼乐也不会为之所用。

——*根据《近思录》整理*

道体（十六）

常思人伦有多少不尽分处

明道先生曰：天地生物，各无不足之理。常思天下君臣、父子、兄弟、夫妇，有多少不尽分处。

——传统意义上的宇宙、性命学说

叶采在《近思录集解》中解释说：本分，是天理所当然的准则。上天生育万物，理是没有丝毫亏欠的。而人在和物相处时，每每会有不尽理的地方。君臣、父子、兄弟、夫妇，有一毫不尽心、不合乎理的，就是不尽本分，所以君子贵于精细地省察而力行。

张伯行在《近思录集解》中讲：人在有生命之初，其天理是浑然具足的，而人在有生命一段时间之后，就大多有了亏欠。比如君仁臣敬、父慈子孝、兄友弟恭、夫义妇顺，这些都是天理，是根据各自的本性而各自具足的。如果作为君臣、父子，而不能尽仁敬、慈孝之理，作为兄弟、夫妇，而不能尽友恭、义顺之理，这就是没有尽到本分。本分，是自己的职责所应当做的；理，是本性所固有的。因为很多人不知是本性所固有的理，所以他们就不认为是自己的职责，也不能尽自己的职责去做。那么知道了是自己的本分以后，如何才能尽到职责去做呢？就是要选择善而坚持做下去。

张绍价在《近思录解义》中解释说：天赋予人以正理，君仁臣忠，父慈子孝，兄友弟恭，夫义妇正。这些道理都是完全具足的，每个人都必须各自将心止于至善的境地，然后自然就能尽其本分。而那些不能尽其本分的，都是失掉了正理，所以无序而不和。

——根据《近思录》整理

道体（十七）

君子当终日对越在天也

“忠信所以进德”，“终日乾乾”，君子当终日对越在天也。盖“上天之载，无声无臭”，其体则谓之易，其理则谓之道，其用则谓之神。其命于人则谓之性，率性则谓之道，修道则谓之教。孟子去其中又发挥出浩然之气，可谓尽矣。故说神“如在其上，如在其左右”，大小大事，而只曰“诚之不可掩如此夫”。彻上彻下，不过如此。形而上为道，形而下为器，须着如此说：器亦道，道亦器，但得道在，不系今与后、己与人。

——传统意义上的宇宙、性命学说

张伯行在《近思录集解》中解释说：此处讲的是，要想知道天道，唯有使自己之德能不断增进。忠信是德的根本。从内心发出，无一不是尽心对待的，是忠。诚实遵循事物的道理，而且不违背其理，是信。……孔圣人在《乾卦》九三《文言》中直接指出，忠信是增进德的两大因素，所以希望君子的一言一行都坚守忠信，终日面对上天，不敢有丝毫的欺骗和怠慢。忠信实际上就是在自己的内心建立诚。诚是真实的意思。忠信也是真实的意思，但诚是自然的真实，忠信是做功夫的真实。诚包括天理的真实、人心的真实、人事的真实，忠信则是专指人而言，所以人能够通过忠信，在内心建立起诚。君子明白此理是本之于天，如果有一毫的怠惰、一毫的欺伪之意，内心就无法建立诚，那么上天就会将他抛弃，所以终日乾乾，就如时时面对上天一样。

叶采在《近思录集解》中解释说“上天之载，无声无臭”，就是所谓的“太极本无极”。体指的是本体。阴阳的变易，乃太极的本体，所以其体称为易。关于如何变易的理，则称为道；变易所起的作用，则称为神。这是根据天道而言的。天理赋予人则称为性，遵循性的自然规律称为道，而将这个自然规律阐明清楚则称为教。这是根据人道而言的。因为天道、人道的道理是一致的，所以“终日对越在天”。

张伯行在《近思录集解》中解释说：有真实之理就可知有真实之气，所以孟子在其中又发挥出“浩然之气”的道理。盛大而流行之气，本来就是天地之气。人得此气而有了生命，那么可以理解为天、人之气就是一个。所以得到此气的生养并加以扩充，即能够养育人的刚直正大之气，从而能恢复人的浩然之本体；失去了此气的所养，就会失掉勇气，无法和道义相匹配，从而就不能实现全体浩然之气的大用了。孟子发挥到此，可谓是将天、人所蕴藏的道理都讲透了。

张伯行在《近思录集解》中解释说：理，就是气。上天和人之间没有间隙就是诚，诚即忠信的实体。所以子思的“如在上”“如在左右”，流动充满，多少大事，而最终说“诚是无法掩盖的”。说的是上天和人相通的原因，从四方上下，到古往今来，从来没有空隙，也从来没有间断，这些都不过是诚的原因而已。那么君子通过忠信以建立内心之诚，怎能不时刻面对上天呢?贯穿天地上下的，只是一个诚，可见在日用之间，无不是自然真实之理的流行。特别指出，由于没有迹象可以窥测，所以形而上的称为道；因为有事物可指，所以将这种形而下的称为器。其实道寓于器，器来承载道，道与器本来就不能分离，是一而二，二而一的关系，人也就是遵循道而已。

张绍价在《近思录解义》中讲：失掉正理，不尽本分，这就是不诚。要想求诚，没有能比得上忠信的，因为忠信可以增进自己之德。君子理当时时和上天对应。天地之理，我得到后称为性，所以天、人属于同一个理。天地之气，我得到后成为我的形体，所以天、人属于同一个气。理气流行在天、人之间，神妙不测，洋洋如在，实在是不能够遮蔽的，理气贯通天地上下，在天也好，在人也好，都是一个道。当然之理成为道，气成形就成为器。道是器的理，器是道的质，道、器不相混杂，但是也不会相离。形而上的道，即寓存于形而下的器之中。君臣、父子、兄弟、夫妇都是器，然而他们各自都有自己的道，这些道都是真正的实理。人如果能用实心体悟实理，那么道就在人这里。根据时节来讲，则有古今，而道是贯穿古今的。根据人的形体来讲，则有别人和我的区别，而道是贯穿人我的。君子之诚是非常宝贵的，通过忠信以增进自己之德，时时和天相对应，让自己的言行不敢有丝毫疏忽，这样或许可以得到正理，根据得到的真正之理去推而行之，这样就可以全都尽到本分了。

茅星来在《近思录集注》中讲：《中庸》里的性、道、教，都是根据理而言的。有的人也明知有当然之理，然而又有所疑惧，致使自己不能有所作为，这就是自己气不足而造成的。孟子于是又于其中发挥出浩然之气。因为此气一旦生起，则会勇往精进，不会再有疑忌、畏惧，从此以后，内心境界一直往上增长，自然能够完全地与天相融合。而性可以尽，道可以凝，教也可以从我而立了。《大学》《中庸》《论语》《孟子》这四部书中的精蕴就是性、道、教、浩然之气，这四者，程子将它们指出而示人，学习者应当详细地研究。

——根据《近思录》整理

道体（十八）

仁者，以天地万物为一体

医书言手足痿痹为不仁，此言最善名状。仁者，以天地万物为一体，莫非己也。认得为己，何所不至？若不有诸己，自不与己相干。如手足不仁，气已不贯，皆不属己。故博施济众，乃圣之功用。仁至难言，故止曰：“己欲立而立人，己欲达而达人，能近取譬，可谓仁之方也已。”欲令如是观仁，可以得仁之体。

——传统意义上的宇宙、性命学说

叶采在《近思录集解》中解释说：天地万物与我同体，假如我的内心没有被私欲所遮蔽，则自然有大公无私的爱心，那么这就是所说的仁。倘若不明白这个道理，私意就会把我与天地万物隔开截断，那么在形体上就有了我与外界的分别，很多情况下没有了交涉。譬如中医讲的手足痿痹，是由于气不相互贯通，身体的疾痛疴痒都和四肢不相干了，这就是四肢的不仁。

张伯行在《近思录集解》中解释说：天理在人心里的周流，不能有任何间隔，如果有一点的间隔，便是不仁。比如手足有痿痹的病，医书上称之为不仁，这句话最好咀嚼玩味。手足痿痹，是由于外部邪气造成了手足与身体的间隔；我和万物之间格格不入，是由于我的欲望造成了我与万物之间的间隔。仁者将天地万物看作一体，这些无非是自己的身内事，人如果能将这个道理看得透彻，那么我们内心的仁将会遍及一切。只是由于我们内心私欲的间隔，世界成了天地是天地、人物是人物的局面，而不是属于自己的了，这一切与自己都不相干了。比如，身与手足难道不是一体吗？然而如果气不贯注于手足就是不仁，其形虽然都在，却已经不属于自己了。要想通过医药治疗四肢的不仁，使气能贯通于身与手足之间，在治疗上肯定是有方法的。那么治疗心体的不仁，而将仁贯通于身与天地万物之间，圣人岂能没有方法呢？

叶采在《近思录集解》中解释说：给予民众恩惠与帮助，这是圣人的功用。子贡说给予民众恩惠与帮助就是仁，这是他还没有认识到仁的本体。孔夫子告诉他，想要知道别人的欲望，那知道自己的欲望就可以了，施用在别人身上的就犹如施用在自己身上。拿身边事物的道理来晓谕众人，则会得到获取仁的方法，这样就得见仁的本体。朱熹先生讲：给予民众恩惠与帮助，是通过具体的事来讲的，却不是从心上来讲的。孔夫子所以提起，正是告诉世人，仁的本体是在心上。又说：给予民众恩惠与帮助，固然是仁最大的功用，但是忽然见到幼儿即将掉入深井，人流露出恐惧、警惕、恻隐之心，这个心便是仁，这时候的仁是最容易看到的。

有人问：仁者是将天地万物作为一个统一的整体来看的，这是在人和物初生时能够得到验证的。人和万物都是接受天地之气而生的，所以属于同体，比如兄弟之间虽然外在的形体相貌有差别，然而都是出自父母的胞胎，所以都应当互爱。朱熹先生回答说：不必要说初生时是一体，因为到了现在也还是一体，犹如水，江河池沼都是此水。比如用两个碗盛来两碗水，不必讨论这碗水是从这里舀来的，那碗水是从那里舀来的，既然都是水，便是同体。如果说人和万物都是接受的此气，都是接受的此理，所以就都应当爱，便对了。因为是同体，所以无所不爱。之所以能爱，因为有此心。之所以有无所不爱的人，因为是同体。

朱熹先生讲：仁，是天地生物之心，而人和万物得到此心，来作为自己的心，那么天地、人物就共同具有了此心，而心之德也都是贯通的。虽然天地、人物各有不同，但其实在这里面有一条脉络是互相贯通的。所以能够体认得这个天地生物之心，而存之养之，那么心里的理将无所不到，而自然能无所不爱。

——根据《近思录》整理

道体（十九）

性即气，气即性，生之谓也

“生之谓性”，性即气，气即性，生之谓也。人生气禀，理有善恶，然不是性中元有此两物相对而生也。有自幼而善，有自幼而恶，是气禀有然也。善固性也，然恶亦不可不谓之性也。盖“生之谓性”“人生而静”以上不容说，才说性时便已不是性也。凡人说性，只是说“继之者善”也，孟子言人性善是也。夫所谓“继之者善”也者，犹水流而就下也。皆水也，有流而至海，终无所污，此何烦人力之为也？有流而未远，固已渐浊；有出而甚远，方有所浊。有浊之多者，有浊之少者。清浊虽不同，然不可以浊者不为水也。如此，则人不可以不加澄治之功。故用力敏勇则疾清，用力缓怠则迟清。及其清也，则却只是元初水也。不是将清来换却浊，亦不是取出浊来置在一隅也。水之清，则性善之谓也。故不是善与恶在性中为两物相对，各自出来。此理，天命也。顺而循之，则道也。循此而修之，各得其分，则教也。自天命以至于教，我无加损焉，此舜有天下而不与焉者也。

——传统意义上的宇宙、性命学说

张绍价在《近思录解义》中解释说：仁者是将天地万物视为一个统一的整体，这是性的本来样子；不仁的人有了别人和我的区别，也就是有了私心，所以被拘于气而无法达到天地万物的全体。此条就是将性与气反复来说。人和万物出生之前，只是称之为理，不称作性；出生以后，气聚而有了形体，理也就具备了，这样才开始称为性。性与气是没有丝毫缝隙地混合在一起的，除却性便无气，除却气也无性，所以说性即气、气即性。仁、义、礼、智，是性；知觉运动，是气。告子不知道有理，而是将所谓的气当作理，所以认气为性，而将甘食悦色作为性，即佛氏所说的作用是性。程子讲人和万物既然已经出生，上天给予人和万物以生命，而天命之性便存在其中了，这就是《易》所谓的成之者性，与告子所说的词语相同而意思不同。程子所说的气，是以清浊厚薄来讲的；告子所说的气，是以知觉运动来讲的。这就是所谓的性不同，而气也不会相同。

张伯行在《近思录集解》中解释说：孔夫子在《易》的系辞中讲“继之者善也”，是从造化的源头处，讲气在刚刚发动之时，流行赋予，别无一物，只是一个浑然至善之理。现在的人说性，就是说“继之者善也”这一句。盖造化的赋予，从根本上来讲就是善的，那么，我所接受造化赋予我的而成为性的，也就没有了不善。由此可知，孟子言性善，意义本于此。“继之者善也”此语非常精辟，然而性的本原固然是善的，附着在气上便有善有恶，犹如水的源头是清的，流出去便有清有浊。所谓“继之者善也”，是专门从本原上来说的，犹如水性是就下的，那么水就没有不往下流的。如果跟随水的流动去考察，那么其流动的远近清浊定会不同。有的从源头一直流到海，始终没有被污染，也不是人力的作用，这就是源清而流也清。有的从源头流出未远，已被沙尘所污而逐渐浑浊。有的从源头流出很远后，才被沙尘所污而变浑浊。其中，水的浑浊，也有浊多浊少的不同。这都是源清而流不清，犹如人禀赋的上天之气有昏有明，有纯有杂，各有深浅的不同。虽然水的清浊不同，但是不能认为浊的就不是水。所以性虽善恶不同，但也不能说恶的就不是性。

张伯行在《近思录集解》中解释说：每个人接受上天所赋予之气虽然有所不同，但是性的本然之善是一致的。本体是善的，那就是由于气的禀赋不同形成了恶，假如不是气禀的原因形成的恶，那也就无所谓下功夫了。而因为有恶的存在，所以应该加以澄治的功夫。澄治，就是用自己的力量，选择善事而执着地去做。用力灵活而勇敢，别人付出一，自己就付出百，别人付出十，自己就付出千，那么其转变为清的过程就迅速，从而愚就必然变为明，柔就必然变为强。如果用力迟缓于前，懈怠于后，那么变清的速度必然是缓慢的，何况是不用力的人呢？性里的恶，通过澄治而能恢复其本然的善，那么此善只是原来本初的理。犹如浊水，澄治后变为清水，却只是原来的本初之水，绝不是此浊彼清，用清的来换浊的，也不是变清以后另有浊水，将浊水放置在一旁。可见水原本清，性原本善，这就是孟子以性为善的原因，岂有善与恶共同在性里面对立而并行的呢？

张伯行在《近思录集解》中解释说：这是根据《中庸》里面的性、道、教的意思来加以说明的。此理有善无恶，乃天道流行而赋予万物的，就是所谓的“在天曰命”，上天赋予的就是命。我接受上天之命而成为性，顺应且遵循此性，因为性的自然之理，必然是日常所应用事物最合理的必由之路，这就是道。道是时时处中的，不会过和不及，而人则会有过或者不及的弊端。圣人于是遵循道而制定了礼、乐、刑、政，来修正人，使人各自得其本然之分，这就是教。教属于人事，而人所以能修正自己，是出于天命的本然，从天命一直到教，不是人的私智所得，能够使其增加或者减少的，而只有圣人能和上天完全一致，做到了“尽乎性至乎命”，所以用舜帝的事迹来说明。舜有天下，既不是以武力夺取的，也不会为自己和家族谋取利益，因为他的内心一直是“人生而静”的本然状态，处于浑然的一理之中，就是所谓的性，所以他的事业是不烦人力而为之的。常人的性不能像舜的性一样时时浑然处中，那么就必须疏通源头，澄清其流，这样怎么可以不用力呢?

陈埴在《近思录杂问》中讲：赤子之心只是真实无伪，然而人有了喜怒哀乐之情已经是偏向一边去了，如果人在出生时就有嗜欲，不如其意就要号啕，虽然这也是真实之情，可是已经有所偏向了，不像性还没有发动时的中，是浑然寂然，喜怒哀乐都没有显现其形，只有一片空明境界，没有偏向任何一边，这时才可以称为中。这里的要点是，赤子之心是不带任何机巧的，未发之中则是存养所致，二者实际上是有差异的。

——根据《近思录》整理

道体（二十）

观天地生物气象

观天地生物气象。

——传统意义上的宇宙、性命学说

叶采在《近思录集解》中解释说：造化的流行，使万物得到生养和发育，造化所遍及的范围广大而深远，它使事物的生长有规律、有秩序而旺盛畅达。看到这些后人的良心油然而生。这就是周敦颐先生不除去自己窗前草的原因，有人问他为什么这样，先生回答说和自己的意思一样。

张伯行在《近思录集解》中解释说：天地间天理流行的奇妙之处随处可以发现，所以万物之生就是一团完整的太和元气，充塞于天地上下，而不去静观是不会知道这些的。周子说“窗前草不除，与自家意思一般”，正是发现天地的气象都在于我，而我自身的生机之流行，也是从一开始就没有一刻停息过。

——根据《近思录》整理

道体（二十一）

元者，善之长也

万物之生意最可观，此“元者，善之长也”，斯所谓仁也。

——传统意义上的宇宙、性命学说

朱熹先生讲：物在刚刚开始生时，气是纯厚精粹的，还没有发散，这就是仁，此时是最容易见到的。等到树干枝叶茂盛了，便不容易见到了。见到幼儿即将掉入深井，人马上就会生起恐惧、警觉、恻隐之心，在这种心上，便能见到仁。到他发布政令施行仁政之时，这个仁固然广大，然而却是不容易见到了。

张伯行在《近思录集解》中解释说：这是程颐先生想让人在万物初生之意生起时，来体悟仁的道理。生之理周流不息，本来就没有丝毫的间断，而在其初生之时，萌芽显现、流露，直接而诚恳，就是所谓的“生意”，此处最容易见到仁，盖万物的生意是起始于元的，元即是仁。《易》曰：“大哉乾元，万物资始，乃统天。”乾元称为统天，其作用是统领上天，那么“元”本来就包含亨、利、贞，所以从始至终就是一个“元”。然而说其“资始”，则是指其生意勃发正是自元开始，在这之前，物还处在伏藏阶段而未能见到，在这之后，物已经散漫而不容易见到；唯有在此处才容易见到，才知元乃众善之长，所谓仁，处处都能呈现。所以程颐先生曾经说在鸡雏身上可以观仁，切脉可以观仁。因为鸡雏的生意初生，纯厚而精粹，是生意的纯粹处，切脉的位置是生意贯通之处。

——*根据《近思录》整理*

道体（二十二）

满腔子是恻隐之心

满腔子是恻隐之心。

——传统意义上的宇宙、性命学说

张伯行在《近思录集解》中解释说：腔子，犹如躯壳，满腔子，就是指浑身。恻，是指伤得深。隐，是指痛得深。恻隐之心，就是天地万物的一体之心，充塞于人身。所以程颐先生根据人身指出，看人身就是一个小腔子，看天地就是一个大腔子。人身全是恻隐之心，所以可充塞天地；天地也全是恻隐之心，所以才有万类万物的生命出现。

李文炤在《近思录集解》中解释说：朱熹先生讲，这是从人身的角度指出这个道理，最是亲切。假如在此看得明白，那么万物就是一体，更没有内外之别。假如看不明白，却去那腔子外面寻觅，即使再广大的地方，和自己也没有了关系。

——根据《近思录》整理

道体（二十三）

天地万物之理，无独必有对

天地万物之理，无独必有对，皆自然而然，非有安排也。每中夜以思，不知手之舞之、足之蹈之也。

——传统意义上的宇宙、性命学说

张伯行在《近思录集解》中解释说：天地万物之理，不外乎阴阳。阴阳分而两仪立。其间的动静、屈伸、往来、消长、寒暑、昼夜、上下、左右，进一步而至于方圆、善恶、邪正、君子小人之类，都是相对的。有的根据类别而相对，有的根据反面意思而相对，总的来说，没有兀然独立而无对的。这都是真精妙合、自然而然之理，并非人力所能安排的。即使有所谓的“唯道无对”的说法，根据形而上和形而下而言，则未尝没有对。反复思考后，真是令人手舞足蹈，能知道这些表面的意思，然而不知其为什么会这样。

——根据《近思录》整理

道体（二十四）

中者，天下之大本

中者，天下之大本，天地之间亭亭当当、直上直下之正理。出则不是，唯敬而无失最尽。

——传统意义上的宇宙、性命学说

叶采在《近思录集解》中解释说：喜怒哀乐未发之时，此性浑然在中，非常妥当地直上直下，没有任何偏向或偏重，这是天下的最大根本，也是所有善的主宰。心一旦有散漫闲逸，则会失去这个主宰；唯有用敬的方法来保存它，才能使中的本体得以完整。

张伯行在《近思录集解》中解释说：此处讲的是喜怒哀乐未发之时的中，勉励人应当用敬来对待内心，从而使天下根本的中不至于失去。万物的根本是天，万事的根本是性。喜怒哀乐未发之时，就是此刻而存在的天命之性，此性不偏不倚，无过不及，恰好正在中间，所以说“中者，天下之大本”。程颐先生体认此性已经很久了，他感觉这天地间亭亭当当、直上直下的正理，就如一物一样，非常明晰地出现在自己眼前。“出则不是”，中便是正，正便不容许有丝毫移位，稍微违背这个正，那么就离开中了，从而就不是自然之理了。如果使心有所放逸，此理怎么会不失去呢？所以必须如《中庸》上所讲的“戒慎恐惧”，此乃主敬的功夫。学习者用“戒慎恐惧”的功夫来存养此心，假如自己内心的中确实和自己没有片刻分离，那么大本就会确立，而天下万事万物就会各得其理，故曰“唯敬而无失最尽”。

茅星来在《近思录集注》中解释说：“亭亭当当”，是俗语，引用这个词来形容中在我，其体段就是这样的。“出则不是”，讲的是喜怒哀乐一旦发动，就不能称之为中了。敬虽然不是中，但是通过敬的作用而使中不会失去，即能使未发之中得以完整。朱熹先生讲：中只是自然质朴地在这里，万事万物之理都从此中出，所以说是大本。如果昏昧放逸，这样就会失去，那么就不是所谓的中了。

——根据《近思录》整理

道体（二十五）

公则一，私则万殊

伊川先生曰：公则一，私则万殊。人心不同如面，只是私心。

——传统意义上的宇宙、性命学说

张伯行在《近思录集解》中解释说：在人的内心，公与私的区别，实际上代表着天理与人欲的不同。天理流行之初，天地万物本来是个完整的一体，人自从有了自我的意识后就被束缚住了，再加上欲望的参与，这样就与天地万物分隔开了。所以假如人的内心只存有公心，那么天理就是一个浑然的整体，虽然有亲疏远近等级的不同，但是人与万物就是一个整体。而人一旦有了私心，各自分成彼此，那么朋辈之间互相往来干扰，从而就有了各种不同的现象、事物，那也就不是一个整体了。俗语讲“人心不同如面”，正是讲人各有一心，只是私意生起而天理灭亡而已。那么存天理遏人欲的功夫，怎么可以有片刻间断呢？

郑晔在《近思录释疑》中讲“公则一”，义理是大众的公共之心，那么千万人的心就是一致的，没有彼此的分别。而私则不然，故“人心不同如面，只是私心”。

——根据《近思录》整理

道体（二十六）

不可分本末为两段事

凡物有本末，不可分本末为两段事。洒扫应对是其然，必有所以然。

——传统意义上的宇宙、性命学说

洒水扫地、待人接物与精研事物的微妙义理，这并非两回事；格物致知与治国平天下，这二者也都是贯通的。杨伯嵒根据朱熹先生的理论讲：不是说末端就等同于根本，但是在学习末端时，根本就在此末端之中。

叶采在《近思录集解》中解释说：朱熹先生讲，对治自心、修养自身是人非常重要的根本所在，而洒水扫地、待人接物则是人的末等小事，物有本末都是自然而然的事情。为什么会如此？这是由于理的作用，在理而言，理是没有精与粗、本与末的区别的。

张伯行在《近思录集解》中解释说：将天下万物统一来论，都能够分辨出本与末来，即便是物的末端，其根本也是包含在其中的，所以不可以将本末分为两段事。理，是形而上，属于根本；事，是形而下，属于末端。然而有其事必有其理，也就是末端不能遗弃根本，就比如洒水扫地、待人接物，在人来讲就是末端之事。必然，是事；之所以有这样的必然，是理。事有本末，而理无本末，所以不可以分为两段。

张绍价在《近思录解义》中讲：事，是末；理，是本。其然，是事；所以然，是理。事有大小，理无精粗，日用常行之事，都有最恰当的不可改变之理。本末、精粗都是由这个理贯通的。如果为了某事而昧其理，是世俗之学；认为日用是粗俗的迹象，而另求玄妙之理，是异端邪说。这两种学说，都是将本末分为两回事。

——根据《近思录》整理

道体（二十七）

不待人安排也，安排着则不中矣

杨子拔一毛不为，墨子又摩顶放踵为之，此皆是不得中。至如子莫执中，欲执此二者之中，不知怎么执得？识得则事事物物上，皆天然有个中在那上，不待人安排也，安排着则不中矣。

——传统意义上的宇宙、性命学说

叶采在《近思录集解》中解释说：杨朱为自己，所以对天下有一毫利益的事都不去做。墨翟爱一切人，磨光头顶，走破脚跟，凡对天下有利的事都去干。杨、墨各自坚持自己的见解而各守一偏，所以都失去了中。子莫，鲁国的贤人，他对杨、墨二人的做法深感痛苦，想在两者之间取中。中是随时存在的，如果不能随时变通而胶着固定在事物之中，那么所想要实行的也是偏颇的。所以君子贵在格物以明知，物格而知就会明了，就会认识随时处中的道理了，而事事物物都各自有本然的中，不需要刻意安排。如果进行安排，或者掺杂私意的意见，这就不是本然之中了。

张伯行在《近思录集解》中解释说：这里所讲的是事物的中，是天理的自然作用，而不是人力所可以安排的。中，没有固定的模式，只有在衡量事物的大小轻重后再决定。可以去做则做，做就是中；不可以做则不做，不做也是中。无奈有杨朱这样的，不知有仁，只知为己，推测其心则知，即使拔一毛他也不会去做。又有墨翟这样的，不知有义，只知兼爱，推测其心则知，他即便是磨光头顶，走破脚跟，只要对天下有利的事就去干。这两人的行为不是中，是显而易见的了。又有一种是徘徊于做和不做之间的，如鲁国的贤人子莫，如果都是为了自己的利益，他不如杨朱刻薄，爱一切人，他不如墨翟过分。子莫执着于他们二人中间的行为就是中。殊不知"惟精惟一，允执厥中"的道理。（"人心惟危，道心惟微，惟精惟一，允执厥中"四句通读，其含义为：人心变化莫测，道心中正入微，惟精惟一是道心的心法，我们要真诚地保持惟精惟一之道，不改变、不变换自己的理想和目标，最后使人心与道心和合，执中而行。）圣人对仁义的理解是非常精纯娴熟的，自然无过无不及，而且实际上从未有意识地去执着这个中。如果内心不去权衡，只是胶着于一定的模式，那么实际上，中没有模式，又怎么去实行？只是白白固执于中的形迹，却还没有真正理解中的含义。真正认识了中，那么事事物物都会有恰当而不可改变的道理，并非移开这个换成那个，也并非截长的以补短的，所谓的天然之中，就是在那事那物之上，不必刻意安排。如果稍有用意，那么就会掺杂人的私心，从而失去天理本然之妙了。这就是子莫胶着于中的做法，而孟子所急于驳斥的。总之，三圣所实行的中，是生动活泼的，子莫所实行的中，是极硬的。生动活泼的中，是没有固定模式的，但中又有一定的标准，就是适宜。所以《中庸》曰“时中”，又曰“时措之宜”。极硬的中，是在应当改变的时候而不去改变，那么所谓的变通在哪里呢？所以孟子讲：“在实行当中没有变通，就犹如固执一端。”知道了子莫实行的中并不是中，那么差不多就能认识所谓的中了。

朱熹先生讲：圣人义精仁熟，并不是刻意去执着于中，而自己的行为无过无不及，所以就有了执中之名，而实际上圣人从来没有过一点的执着。如果学习没有达到一定高度，道理没有完全通达，只是空想能得到所谓的中而执之，那么所谓的中，有什么确实的形状而可以执之呢？大概能看到的是，越是这样执着，反而越是失掉了这个中，子莫就是这样。既然不认识中，就要向往着去认识“时中”，就是随时都有中。我恐怕这个道理以后会消失，也许会造成往后小人肆无忌惮。明白了至善的真正意义，那么中就可以得而识之。

“人心惟危，道心惟微，惟精惟一，允执厥中。”危，是危险。微，是微妙。帝舜将传位给禹，于是授给禹治理天下的心法。他是这样说的：“人只有一个心。由私欲而发出的心，叫作人心；通过义理的正气发出的心，叫作道心。比如想要听悦耳的声音，看动人的美色，又比如顺着自己心意的就喜欢，逆着自己心意的便愤怒，这都是人心。这样的心一旦发出，假如又没有义理加以节制，就会流于邪恶而停止不下来，如此岂不是非常危险！如果当听则听，当视则视，当喜则喜，当怒则怒，每一种行为都符合中道，这便是道心。道心人人都有，只是被私欲所遮蔽，有时才要觉悟，结果又昏昧了，所以道心微妙而难以见到。人心、道心相杂于方寸之间，如果不知如何辨别，那么就会危者愈危，微者愈微，而天理的公心，将最终无法胜过人欲的私心。所以想要对治自心的人，要在自己的内心念虑刚萌动的时候就精心去观察，看看到底是人心还是道心，尽力分辨得明明白白，不使它们混杂。精心观察之后，就要克制人心，专一守护着道心，使道心常常作为一身之主，而不被私欲所摇夺。观察得精心，又守护如一，那么方寸之间纯是天理，不管从事何种行为，自然都符合正当的道理，不会有无过无不及的差错，从而就能相信执其中了！”盖天下的治理，都是本于自己的内心，而末端和根本的学问，正心最为重要。帝舜就是这样叮咛、告诫禹的。先儒说这十六个字，实际上是开了万世心学的源头，道统的传承，也实际上自此开始。

——*根据《近思录》整理*

道体（二十八）

『中』字最难识

问："时中如何？"曰："'中'字最难识，须是默识心通。且试言：一厅则中央为中；一家则厅中非中，而堂为中；言一国，则堂非中，而国之中为中。推此类可见矣。如三过其门不入，在禹、稷之世为中，若居陋巷，则非中也。居陋巷，在颜子之时为中，若三过其门不入，则非中也。"

——传统意义上的宇宙、性命学说

叶采在《近思录集解》中解释说：时中，就是随时有中，不可将中固化而不变。意思就如大禹治水九年在外（出自南宋叶采《近思录集解》第二十四页，“禹之治水九年于外，三过其门而不入”，中华书局2020年9月第3次印刷），三过家门而无暇进入。盖得时去行天道，能担当天下的责任，救助百姓，这样做才是符合此时之中。颜回在世之时，王道不兴，孔夫子这样的大圣人都无法推行自己的思想，那么在这个时间就不要去做了。所以颜回隐居独善而箪瓢自乐，这样才是符合此时之中。假如他们违时而互换，那么就都失其中了。

张伯行在《近思录集解》中解释说：天道所贵重的是中，中所贵重的是时。有人向程颐先生询问“时中”的含义，先生因他所问而详细地告诉了他。盖中是最难识别的，又不是最难识的。如果对“至善”的道理不理解，没有去研究事物最深的道理，而想要固定一种模式来求中，那么符合此事的中转移到彼事上就不合适了，符合前一日的中推迟到今日就又不符合今日之中了。所以必须仔细思考其中的道理，认识并记在内心，这样才会根据事物的具体情况而变通。这里且用浅而易见的道理来说明，一厅则有厅之中，一家则有家之中，一国则有国之中，不可将厅之中作为家之中，不可将家之中作为国之中。按这种方法类推则可知，我们立身处世无不是如此，而所谓的中就可以见到了。比如禹，三过家门而不入，他为什么如此匆忙？是因为在清明的时代都是如此。假设在禹、稷的时代，而像颜子那样居陋巷，就不是中了。颜子居于陋巷，为何不改其乐呢？是因为处乱世之时都是这样。假设在颜子的时代，像禹这样三过家门而不入，那么也就不是中了。此正是所说的“时中”。熊敬修说：“恰好是中，每一件事情都恰好就是时中。”又讲：“中是常行的义理准则，时中是根据具体情况变通。事物都有一定的准则是中，根据事物的情况而使事物改变是变通。”我认为，中是根据事物的道理而言的，变通是以事物各得其宜而言的。使事物各得其宜，是因为各物之理的作用，而时的作用就会达到奇妙的地步，所以可以在困难时有相应的变通。

——根据《近思录》整理

道体（二十九）

无妄之谓诚

无妄之谓诚，不欺其次矣。

——传统意义上的宇宙、性命学说

张绍价在《近思录解义》中解释说：随时处中，那么人的行为就是诚。诚，是真实之理。圣人以真实之心体验真实之理，没有丝毫虚妄，这就是诚。不欺，还未免是有意为之，和诚相比，不欺只能说其次。

张伯行在《近思录集解》中解释说：无妄，是真理的自然状态，没有丝毫荒诞不合理。不欺，是真正清楚真理之后，没有一个念头欺骗自心。无妄才是自然之诚，是圣人所具有的。从人的角度来讲，无妄就犹如上天，所谓“诚者，天之道也”。不欺，是努力去做功夫。“至善”未明不敢自称已明，必须求得真正的明，而后自己才敢称明；自身未诚不敢自称已诚，必须求得真正的诚，而后自身才敢称诚。所谓“思诚者，人之道也”，人之道次于天之道，所以说“其次”。像李邦直所说，以不欺为诚，就是将功夫作为本体，把诚的真正意义给遗失了；徐仲车以不息为诚，是将功用当作了道理，这也与“至诚无息”的解释不同。等到程颐先生分辨出来，“诚”字的意义才明了。

——根据《近思录》整理

道体（三十）

冲漠无朕，万象森然已具

冲漠无朕，万象森然已具，未应不是先，已应不是后。如百尺之木，自根本至枝叶，皆是一贯，不可道上面一段事，无形无兆，却待人旋安排引入来教入途辙。既是途辙，却只是一个途辙。

——传统意义上的宇宙、性命学说

叶采在《近思录集解》中解释说：宇宙的本体处于空寂、万物还未成形的状态时，实际上万理已完全具备了，即所谓的“无极而太极”。未应指的是宇宙的本体寂然不动之时，已应指的是此本体的感而遂通之时。已应之理都具备于未应之时，所以说“未应不是先，已应不是后”。因为用是在本体之中的，不可以分为先后。朱熹先生讲：没有万物万事之时，这个理已经具备了。转瞬之间的应，也只是此理。

茅星来在《近思录集注》中解释说：冲漠，是指像深渊那样安静的样子，恬淡安然。朕，阳气即将萌发的征兆。森然，参差不齐地排列的样子。在冲漠至静之中，萌发的征兆尚未出现，而万事万物之理已经森然具备于我性之中了。作为出而应事接物的根本，虽然还未应事接物，可是其中的理已经完全具备。而其出而应事接物，其理也就是这个冲漠寂静的充然具足之理，从一开始对外就没有什么期待，所以未应、已应怎么可以分为先后呢？朱熹先生讲，只需要这样看这个当然之理：宇宙的本体在寂然的至静中，萌发的征兆尚未出现，而此时万理早已毕具。此理和宇宙的本体也并不是分离的，也就是说，不是此理之外另有一个至静的宇宙本体。

问：从“冲漠无朕”到“教入途辙”，这里所说的“途辙”，是不是以人应当做的事来讲的？凡是应当做的事情，都是先有个理，却不是到了要做这个事时，接着去寻找个道理。答：这里重点讲的是，没有这个事时就已经先有了这个理。比如没有君臣时，已经先有了君臣之理；没有父子时，已经先有了父子之理。难不成一直要等到有了君臣、父子，再回过头来找个道理放在里面？又问：“既是途辙，却只是一个途辙”是什么意思？答：一件事就有一件事的道理。粗大的显现和细微的道理是一以贯之的，本来就没有两样。

现在的人看事情时，看前面的一段无形无兆，就认为空空荡荡，却不知在寂然至静的里面早已蕴含万事万物之理。如释氏只是说“空”，老氏只是说“无”，却不知道在空、无里面有个真实的理存在。问：“未应不是先，已应不是后”，应，是应酬事务的应吗？答：未应，是未应这件事；已应，是已应这件事。未应固然是在先，却是以后发生的事。已应固然在后，却只是未应之时的理。

张伯行在《近思录集解》中解释说：此言讲的是本体寂静之时的状态和感应之时的状态。可以将其分为体用，但是不能分为先后。体即用的存在之处，用即体的发动，所以说体用从根本上来讲，是没有什么两样的。泉水没有发动之时称为冲，沙地广阔辽远称为漠，物刚开始生称为朕。冲漠无朕，总的来说是形容宇宙本体的浑然状态。在浑然的宇宙本体之中，万事万物之理森然已具。当还没有大千世界的现象而只有理存在时，用就存在于本体之中，所以能应万事万物。所说的未应，是本体寂然不动之时，就是静。所说的已应，是本体感而遂通之时，就是动。动静不是两端，犹如树的根本和枝叶。上下不是两个不同之物，因为枝叶是从根本中来的，根本自然能生枝叶，就是上下一贯。岂可以说上面一段事未应之时，是空虚无有，等到已应之时，却等着安排引入让人去寻找的道理中去呢？

——根据《近思录》整理

道体（三十一）

屈伸往来只是理

近取诸身，百理皆具。屈伸往来之义，只于鼻息之间见之。屈伸往来只是理，不必将既屈之气，复为方伸之气。生生之理，自然不息。如《复卦》言“七日来复”，其间元不断续。阳已复生，物极必反，其理须如此。有生便有死，有始便有终。

——传统意义上的宇宙、性命学说

张伯行在《近思录集解》中解释说：天地间充满的都是气，而气之所以能够运行，都是理的作用。理生生不息而无穷无尽，那么气的流行则不会停息。就近处自身而言，人身与天地相通，所以在一息之间而百理具备。在鼻息的呼吸之间，就可以验证屈伸往来的意义，气往的就是已屈，气来的就是复伸。这些只不过是造化之理的自然样子，并非既屈之气转变为复伸之气。比如人的鼻息，呼出则散，不能转而重新吸进来，后面的呼气，又是气到了才呼。又比如已经凋谢的花蕊，再开肯定不是这个花蕊了；已经干涸的海水，再次充满也肯定不是前面之水。“生生之理，自然不息”，所以气有往来而不会有间断。如果讲后面这个方伸之气仍然是前面的既屈之气，那么天地间翻来覆去的人物，只是因为有了许多的定数才出现，而这样造化之理也就几乎穷尽了。

茅星来在《近思录集注》中解释说：百理，指的是天地造化之理，比如下文的“屈伸往来”都是此意。开头两句是根据人的一个整体而言的。鼻息之间又是最容易见到的，所以特地指出来示人。孔夫子从远取诸物的山川河流，到近取诸身的鼻息呼吸，意义是一样的。学习者若能在此处得到验证，那么天地万物之理不必远求就可得到。问：“屈伸往来是气，而程子说‘只是理’，这是为何呢？”答：“气之所以能够屈伸往来，是理必然如此的作用。比如‘一阴一阳之谓道’，阴阳是气，而之所以一阴一阳循环不已，乃道的作用。”

杨伯嵒根据朱子的话讲：人在呼气时腹部却是鼓胀的，吸气时腹部却是收缩的。从理论上来讲，应该是呼气时收缩、吸气时鼓胀才对。现在是这样，盖人在呼气时，这一口气虽出，第二口气复生，所以腹部鼓胀；等到吸气时，刚生出的气又从里面被赶出，所以腹部是收缩的。但凡人临死时，只是出气，出尽便死。人吸气并非吸入外面之气，只要能止住呼吸一会儿，第二口气又会生出，如果没有生出这气，人就会死掉。老子曰："天地之间，其犹橐籥乎？虚而不屈，动而愈出。"（大意：天地之间就像个大风箱，里面虚而有无穷之气，越动生出的气越多。）又说：人的生命就是精、气的聚合而已。人生虽然有许多气，但终归有个尽时。魂，气尽则上归于天；形，魄降于地就会死亡。所以人将死之时热气从上而出，就是所说的魂升，下体逐渐变冷，就是所说的魄降。这就是有生必有死、有始必有终的原因。气可以说成有聚散，理则不可。虽然人死，气最终会散，可是也未必能够散尽，所以在进行祭祀时就会有感通的现象。先祖辈亲人陆续离世，他们的气的有无虽然不知，然而供奉、祭祀他们的既然是他们的子孙，毕竟是一气，所以有感通之理。然气已散者不会重新聚合。

张伯行在《近思录集解》中解释说：这是根据《易》里面的《复卦》来说明的。《易》讲"七日来复"，并不是说已经消退的阳气重新倒转回来，而是真正地讲这期间的阴阳循环从来就没有间断。当阳气剥尽于上时，阳气已经复生于下了，物极必反，理就是如此。理，贯通于古今而从没有间断；气，随着人物而有生死始终，知其所以生则知其所以死，知其所以始则知其所以终。

天地间没有只伸而不屈、只来而不往之气，学习者先看天地阴阳二气的流行，就像寒暑、昼夜、古今、消息这样的，大的现象明白了，反过来再从我身来验证，自父母生育我开始，从少年、青年、壮年到老年的变化，这样从白天到黑夜，从劳作到休息，从自身仔细观察，则必然会将理气的学说贯通而无疑。

——根据《近思录》整理

道体（三十二）

天地之间只有一个感与应而已

明道先生曰：天地之间只有一个感与应而已，更有甚事？

——传统意义上的宇宙、性命学说

张伯行在《近思录集解》中解释说：天地间阴阳二气的消长变化，循环无端，只不过就是一个感应之理。比如用屈来感伸，那么伸就是应；用伸来感屈，那么屈就是应。以至于屈又感伸，伸又感屈，屈伸相应，充塞于天地而不可穷尽，昭著显现而不可掩藏，这些都是这个感应之理的作用。要明白这个感应的道理，那么人就应当以自身来体悟，使自己表里内外之间没有任何违逆，没有任何亏欠，而后得到纯正的感应。

张绍价在《近思录解义》中解释说：气的屈伸往来都是感应。天地的感应至诚无伪，所以生生不息。人事的感应有诚有伪，以诚感即会以诚应，以伪感即会以伪应，故君子不问是怎么应的，而只是非常慎重地对待自己的所感。

陈埴在《近思录杂问》中解释说：一往一来、一屈一伸、一阖一辟、一昼一夜、一寒一暑，无处不是如此，两个运动的物事，有感必有应，所应又为感，所感又为应。懂得了这三句所讲的道理，才能明白天地的循环运动，中间无间断，也无终无始的意思。盖“感应”二字贯通于阴阳动静，说阳动为感固然可以，说阴静为感也可以；说阳动为应固然可以，说阴静为应也可以。盖今日之昼固然是感今日之夜，而今日之夜又感明日之昼，天地间不过如此而已。

管赞程在《近思录集说》中解释说：自“观天地生物”至此为一章，这里讲的是中等资质之人。对于这样中等资质之人，应当打开自己的温恭慈爱之心，以求得与万物同体的仁，然后仁心加厚而充满，才能够有质有文，文质彬彬。世间没有单独的物事，一切的物事必然都是相互对应的。这些源头出自天下的大本，其功则在于公而无我，这样长久去认知则会精义入神，与洒扫应对是一致贯通的，所以能够顺利达到随时处中，以把握其中的境界。

其中把握好中，这个中的根本就是没有任何妄念的诚。万象森严已具的无极之真，与阴阳五行之精，非常奇妙地融合为一体，所以才有屈伸往来的不息、一感一应的不已。

——根据《近思录》整理

道体（三十三）

将圣贤所言仁处类聚观之，体认出来

问仁，伊川先生曰："此在诸公自思之，将圣贤所言仁处类聚观之，体认出来。孟子曰：'恻隐之心，仁也。'后人遂以爱为仁。爱自是情，仁自是性，岂可专以爱为仁？孟子言：'恻隐之心，仁之端也。'既曰仁之端，则不可便谓之仁。退之言'博爱之谓仁'，非也。仁者固博爱，然便以博爱为仁则不可。"

——传统意义上的宇宙、性命学说

叶采在《近思录集解》中解释说：仁、义、礼、智、信，在性理的层面属于性；喜、怒、哀、乐、爱、恶、欲七情，属于情的层面。仁对应爱，所以说仁是爱之性，爱是仁之情。如果将爱当作仁，那就等于把情当作了性，这是不对的。讲到端，说的是仁在中而端绪见于外。有的人以樊迟问仁为例，说孔子回答的是“仁就是爱人”，夫子曾经不也是以爱而说仁吗？答：孔门的问答，都是让人在已经发之处用功，比如孟子所说“恻隐之心就是仁”，也是在已发之端体认的。但是后来的人论仁，不再知道性与情的区别，所以程颐先生发表此义以示人，可以使人溯流而上找寻到源头，学习者在此要深入体悟。

张伯行在《近思录集解》中解释说：程颐先生恐怕人们在论述仁时不知道性与情的区别，所以根据别人的提问而回答，从而使人能体认圣贤之言，继而能分辨出韩愈关于仁的论述的错误。盖仁的道理非常广大而精微，圣贤随着时间的不同来讲仁，其实是各有所指。如果不将圣贤讲仁的话聚合起来看，只是单单执着于一种说法，那么既失之偏颇，前后也相互矛盾。比如孟子言“恻隐之心，仁也”，是根据恻隐就可知其中有仁而讲的，在外面能见到的从而验证里面所存在的。后人于是将爱当作仁，却不知仁是此心的生生之理，从心中萌动发出，自然是恻然有隐。因为将心之恻隐推广到人和物上，于是就变成了爱，那么仁就成为爱的根，恻隐就是根的萌芽，而爱又是萌芽生长后的茂盛者。爱是情，仁是性，犹如讲“仁是爱之性，爱是仁之情”。如果专门将爱当作仁，就是误将情当成性了，这里只需结合《孟子》的“仁之端也”一节，就可体认出来，自然能够理解。端就是绪，物在其中而绪见于外的意思。“既曰仁之端，则不可便谓之仁”，而退之（韩愈）是将博爱当作仁，这只是发挥其用，而遗漏其体了，所以其“博爱之谓仁”的说法是不全面的。盖仁未尝不博爱，博爱是仁的作用在外的显现，岂可以将博爱当作仁？孔夫子回答樊迟关于仁的提问，也说是“爱人”，而朱子解释说“爱人，就是仁之用”，下一“用”字就很明了了。

——根据《近思录》整理

道体（三十四）

心譬如谷种，生之性便是仁

问："仁与心何异？"曰："心譬如谷种，生之性便是仁，阳气发处乃情也。"

——传统意义上的宇宙、性命学说

朱熹先生讲：仁是什么？仁是隐藏于内心的德，仁是爱背后的道理。又讲：爱不等同于仁，爱的道理才是仁；心也不等同于仁，内心之德才是仁。譬如耳之德是聪，目之德是明，心之德是仁，且根据这个意思去思量、体认这个心之德。仁相对于爱，犹如糖与糖的甜味、醋与醋的酸味，爱就是这个甜或酸的滋味。爱的道理是仁，内心之德也是仁，所以爱之理就是心之德，不是心之德外另有一个爱之理。爱是恻隐，恻隐属于情，恻隐之理则是仁。心之德又只是爱，称之为心之德，却是爱的根本，所以说一切爱的根本源自隐藏于内心之德。

张伯行在《近思录集解》中解释说：有的学习者根据孟子所说“仁，人心也”这句话，便认为心就是仁，殊不知仁相对于心而言却是不同的，所以程子根据别人的询问而把仁与心详细分辨出来。盖孟子恐怕人悬空去讨论仁，所以讲仁的时候就贴近人来表达。其实心是形体承载理的地方，不过就是由血气组成的，犹如谷种是由壳和实结成的一样，但是其中具有生之理。谷种之所以才播种就能萌发，长出新芽，是因为谷种里面蕴含生之性，而将谷种当作生之性则不可。人心之所以能自然而然地恻怛慈爱，也是因为人心蕴含生之性，而将人心当作生之性也是不可的。盖生之性就是仁，唯有仁具备于心中，触碰到就会动，犹如谷种遇到阳气就会生发而萌发出新芽一样，这就是所谓的情。

张绍价在《近思录解义》中解释说：生之性，好比说生之理。亲近亲人，以仁爱心对待百姓，爱护万物，这些都是仁的作用，属于情。生之理则是仁之体，属于性。谷种有这样的生理，由此而生出根茎花实。人心有这样的生理，由此而生出亲亲而仁民、仁民而爱物这样的行为。人的内心如果被私欲禁锢、闭塞，那么生理被摧残，本心之德就会丢失，就如谷种朽烂，不能复生。唯有通过克己复礼，才能保持此生理，使内心之德得以完整。

余景思向朱子询问仁和心的关系。朱子回答说："仁"字是虚的，"心"字是实的。比如水，必然有冷。"冷"字是虚的，"水"字是实的。心和仁的关系，也犹如水和冷的关系、火和热的关系一样。学习者必须在心未发动时增加自己的涵养之功，而所谓的恻隐、羞恶、辞逊、是非这四端的发动必须合于中。当这四端未发之时，这个心之体是寂然不动、没有任何分别的，暂且只需这栏混沌地养着这个心就行。如果必须观察所谓的四端，那么只要一思考就是已经发动了。

——根据《近思录》整理

道体（三十五）

仁当何训

义训宜，礼训别，智训知，仁当何训？说者谓训觉、训人，皆非也。当合孔孟言仁处，大概研穷之，二三岁得之，未晚也。

——传统意义上的宇宙、性命学说

叶采在《近思录集解》中解释说：为什么称为训？因为要解释的字意思难以明了，所以才借用这个“训”字来训解、解释它。义，是天理的当然，将事物裁制成为最适宜的，就是义，所以将义解释为宜。礼，是天理的礼节，因为礼能够区分亲疏上下，所以将礼解释为别。智，代表天理的英明睿智，因为智能知事物的是非，所以将智解释为知。仁道至大，包含着以上三者，故难以解释。那么仁应当如何解释呢？有的人说应该解释为觉，因为有这样的言论：“不为物欲所遮蔽，痒疴疾痛，一有这些现象，触之马上就有感觉。”但是仁固然是无所不觉，然而觉也不足以代表仁所蕴含的全部。有的人讲，仁应当解释为人，因为天地生人，都是同气同理，人来体悟，则恻怛慈爱之意自然没有间断。但是仁固然是以人为体，却不能解释为仁。朱子讲：仁是爱之体，觉自然是智之用。仁统领四德，所以仁无所不觉，然而把觉当作仁则是不可以的。有的人说：仁只是人心的生之理，用“生”字来解释仁行吗？朱子讲：不是必须用一个字来解释，只要识得仁的大意通透就可以。

李文炤在《近思录集解》中解释说：朱子在《仁说》里面讲，天地是以能生万物作为天地之心的，而所生万物又各自得天地生物之心来作为自己的心。所以说心之德虽然总摄贯通，无所不备，然而一言以蔽之，就是仁而已。盖天地之心，其德有四个，称为元、亨、利、贞。而元、亨、利、贞的运行，则是由元来统领的。如果以四季的运行来看，那么元就是春季，是春夏秋冬之序，而在四季之中，春生之气是无所不通的。所以相对应地，就人内心来讲，其德也有四个，称为仁、义、礼、智，而仁包含着所有的生发和应用，也就是仁对应的爱、礼对应的恭、义对应的宜、智对应的别这些情，其中，由仁发出的恻隐之心，贯穿于爱、恭、宜、别这些情里面。所以要论天地之心，就会说是乾元坤元，那么元、亨、利、贞这四德的体用，不用一一列举就全部具足了；要论人心的奇妙，则会说“仁，人心也”，那么仁、义、礼、智这四德的体用，也不用一一列举而全都具备。盖天地生物之心乃仁之道，此心根据物而存在，情还未发之时而仁之本体已具备，情发出后而仁之用无穷，如果能真诚地体悟这些而存于内心，那么众善之本、百行的源头，都在于此。这就是孔门的教法，也是必须使学习者急切地求取仁的原因。在这个教法里面有一条很重要，就是克己复礼可以成为仁，意思是说，如果能克服掉自己的私欲，就能恢复天理，那么此心之体就无处不在，而此心之用就无处不行。又说：居家恭敬有礼，办事认真谨慎，待人忠心诚意，这是存仁心的作用。又说：对父母尽孝、恭敬兄长、爱护弟弟以及能容物恕人，这也是仁心的作用。又说：伯夷、叔齐求心安而得心安，那么他们为了谦让国位而逃，劝谏武王讨伐商纣而饿，为的是不失掉此仁心。又说：为什么能够做到杀身成仁？在人的生命中，没有什么比生存更重要，没有什么比死亡更令人厌恶，然而能杀身成仁，为的是不伤害这个心。此心是什么心？在天地是充盛的生物之心，在人则是温然的爱人利物之心，包含四德而贯穿于四端的仁心。

——*根据《近思录》整理*

道体（三十六）

性即理也

性即理也。天下之理，原其所自，未有不善。喜怒哀乐未发，何尝不善？发而中节，则无往而不善。凡言善恶，皆先善而后恶；言吉凶，皆先吉而后凶；言是非，皆先是而后非。

——传统意义上的宇宙、性命学说

朱熹先生讲：“性即理也。”在心的层面称为性，在事物的层面称为理。

这一句就是千万世说性的根基。性是未动，情是已动，心包括已动、未动。盖心还未发动时为性，已经发动则为情，这就是所谓的“心统性情”。

张伯行在《近思录集解》中解释说：这是程子判定性是善的原因。性是人的生生之理，就是人所接受的上天之理。这个理，在造化刚开始流行之时为“继之者善”，人有生命接受此理以后则为“成之者性”，在天在人都是一回事。然而为何不称为理而称为性呢？因为理广泛地讲，就是天地间人物的公共之理，性是自身在天接受此理而为我所有之理。所以“性即理也”这句话，朱子说：“自孔子后，唯有伊川说得真实精切。”天下没有不善之理，怎么会有不善之性呢？原来其所自有的，从来没有夹杂其他，只有仁、义、礼、智这四项而已。当其喜怒哀乐未发动之时，仁、义、礼、智之性是浑然在其中的，何尝不善？及其发动，仁、义、礼、智之性自然有这样的恻隐、羞恶、辞让、是非之情，这些情随着感应而出，符合中正，去往何处而不善呢？无他，正本来就具于性之中，而其所以为正，是理的作用。因为无法养其性而守其理，所以才有了过或者不及，而不中正了，然后就成了不善，所以并不是性有不善。善则吉，恶则凶；善的为是，恶的为非。从后面来论，是对等的。从本原上来看，只是可以分为先后，不能相提并论。观程子的这句话，那么就肯定了孟子的性善学说。

——根据《近思录》整理

道体（三十七）

心本善，发于思虑则有善有不善

问："心有善恶否？"曰："在天为命，在义为理，在人为性，主于身为心，其实一也。心本善，发于思虑则有善有不善。若既发，则可谓之情，不可谓之心。譬如水，只可谓之水。至如流而为派，或行于东，或行于西，却谓之流也。"

——传统意义上的宇宙、性命学说

叶采在《近思录集解》中解释说：天道流行，赋予万物，称为命。万事万物千差万别，然而各自都有天然的准则，将这些准则统一起来而命名，称之为理。人得到此理才有生，称之为性。这个存在之性，至虚至灵、有知有觉，为一身的主宰，称之为心。实际上都是一回事。从源头上来讲，心岂有不善？只是自七情发出以后，才有了善恶之分。朱子讲：七情已经发动，不能说就不是心了，但是一旦有了不善，那么就不是心的本体了。

张伯行在《近思录集解》中解释说：这是从心的本源上来探究，可以见到心是没有不善的。其实，性是心的本体，理是心之所具，命是心的源头，都是一回事。那么在寂然不动之中就是浑然一体的天理，由此可知，心本来就是善的。等到和事物一接触，思虑忽然萌发，在那时刻，天理呈现，人欲也乘隙而入，这样才有了善与不善。盖善是本然的样子，不善则是受外界私欲的诱惑而产生的。如果人不能全部去除外界的私欲诱惑，以扩充自己的本然之善，那么随着心的发动而成为喜怒哀乐爱恶欲，这七情也未必没有过和不及，而具备于心的天命之性，或许已经丢失了当然之理而尚不自知。然“既发，则可谓之情，不可谓之心”，盖情乃心之用，而不是心之体。

张伯行在《近思录集解》中解释说：何不观察一下水呢？水的流动有一种必然之势，然而当其停留聚集，形成静止的深广之水时，只可以称其为水。犹如心包含必然要发动的情一样，而在心处于寂然不动、空寂无形的状态时是见不到情的，所以只可以称之为心。至于水流动而分为支流，有向东流去的，有向西流去的，这样也未必是按照水性就下的原则流动的，然而那又何尝不是水呢？却称之为流。犹如心发动而成为情，善恶交错出现，有的也未必符合自然之中，然而那又何尝不是心呢？却称之为情。程子讲这些，是希望人在自己身上探究而得所谓的心，因为若不知心的本源是善的，就不会认识天理流行的奇妙，所以就有不能去做的而却要去做。不知心的支流也有不善的，那么必然是因为在思虑的细微之处没有达到严谨，以至于离道越来越远。这些是综合本源和支流来讲的。我认为，思虑的萌发，正是天理、人欲交互出现之时，就是所谓的几、所谓的独（慎独），学习者最紧要的就在这里。

——根据《近思录》整理

道体（三十八）

性出于天，才出于气

性出于天，才出于气。气清则才清，气浊则才浊。才则有善有不善，性则无不善。

——传统意义上的宇宙、性命学说

张伯行在《近思录集解》中解释说，“才”字有两重含义：一是才质，犹如材料质地，是根据体而言的；另一个是才能，犹如说他会做事或者不会做事，是根据用而言的。说性善，那么才也应该善，其实也不尽然。因为性就是天理本来的样子，出自天理的哪有不善的？然而人自从接受上天之气而有了形体之后，天地之性就成了气质之性。才出自气，气有清浊，那么才也会有清浊，善与不善由此而分。气之所出也是理的作用，固然不是天地之性之外另有所谓的“气质之性”。而形而上的性，全都是天理；形而下的气，阴阳掺杂在一起，于是便参差不齐。所以人根据他所遇到的不同的气而有不同的才：有的遇到的阳气多，那么其才就刚；有的遇到的阴气多，那么其才就柔；有的遇到阳气的善，那么其才就是严毅贞固；有的遇到阳气的恶，那么其才就是暴躁愤戾；有的遇到阴气的善，那么其才就是巽顺愿谨；有的遇到阴气的恶，那么其才就是狡谲奸险……至于那种得到天地真元会合之气以成为清明纯粹之才的，那唯有圣人会这样。这就是才有善的有不善的，而性没有不善的原因。孟子谓“非才之罪”以及“非天之降才尔殊也”等，直接把才都当作善看，是从性善这个大的根本处发出来的，是不兼具气质之性来讲的。如果想讲得完整，就必须如程子所言才严密。

张绍价讲：仁、义、礼、智之性是出自天的，昏、明、强、弱之才是出自气的。气清，就会强明而且清；气浊，就会昏弱而且浊。气质虽然有不善的，然而性是善的。人如果能百倍其功，就足以使气质产生变化，由此则会愚者变明，柔者变强，那么仁、义、礼、智之性就可恢复。

——*根据《近思录》整理*

道体（三十九）

四端不言信

性者自然完具，信只是有此者也。故四端不言信。

——传统意义上的宇宙、性命学说

张伯行在《近思录集解》中解释说：性，是人心中的天理，完整齐备，没有丝毫的亏欠。其大纲不外乎仁、义、礼、智、信这五项，称之为五常。如果从造化上来推，这五常就是五行之德。然而所谓的信，只是包含在仁、义、礼、智里面而已，并非在仁、义、礼、智之外另有一个所谓的信。比如木、金、火、水，固定对应的位置是东、西、南、北，而土却是没有相应的固定的位置，只是寄生而旺于东、西、南、北这四个位置之中；木、火、金、水，各配以春、夏、秋、冬四季，而土没有专门的季节可配，只是分别旺于四季之间。木、金、火、水如果没有土，就都没有了承载它们的地方；仁、义、礼、智如果没有了信，便都不真实了。所以相对于五行而言，则称为五常；相对于四时而言，则称为四端。“四端不言信”，是因为信已经立于四端之中了。

江永在《近思录集注》中解释说：五行没有土就不会成立，而土没有固定的位置；五常没有信就不会存在，而信并非其中的一端。所以说“有诚，那么万物就有始有终；无诚，那么也就没有了万物”，由此，这个道理就清楚了。

张绍价在《近思录解义》中解释说：信就是诚，就是真实之理。上天将命赋予人，人得之于天的，是真实的仁、义、礼、智之理，此理完全具足，就是信。所以四端不言信，而信在四端之中。

——根据《近思录》整理

道体（四十）

恻隐之心，人之生道也

心，生道也。有是心，斯具是形以生。恻隐之心，人之生道也。

——传统意义上的宇宙、性命学说

张伯行在《近思录集解》中解释说：天地以生成万物作为自己的心，而人得到后就成了自己的心。心包含理与气，有虚灵知觉，是个活的物，所以说“心，生道也。有这样的心，才会生出这样的形体”。这是根据生成人的道理而言的。

唯有这个心的全体，生生不息，所以当其端绪被触动出来时，便有了恻隐之心。比如在天流行的元、亨、利、贞，这个元对应四季的春，万物在此时萌芽发露。而春对应仁，仁之端乃恻隐之心，所以说“恻隐之心，人之生道也”。通过人身来看，人的身体犹如被形气所桎梏，而心则通于神。身体的行动，一天不过是百里，所经历的时间不过是十二个时辰；心则一思便能思到千万年，顷刻就能经过千万里。所以胡敬斋讲：“天下神速莫如心。”为什么呢？因为心具有理，理又无所不在，千万年共此理，千万里也共此理，所以思没有到不了的地方。气速不如神速，神速的原因就是由于是一个理，所以说心是个活物。心是如此之灵，怎么可以不知如何来养呢？

张绍价在《近思录解义》中解释说“心，生道也”，讲的是人的心是以生为道，即所谓的仁。天地是以生物作为自己的心，而天地所生之物，又各自得到天地生物之心以成为自己的心，所以人的心是以生为道，以生作为根本。人的仁心，至诚恻怛，稍有触即会动。心的生之道理，如草木之有生意，畅茂条达，自然不可遏制，所以说“恻隐之心，人之生道也”。我认为，天人一理，天人一气。圣人之德是和上天相合的，君子来修此德，就应该主敬存诚，以理驭气，约情归性。那么我内心之仁则会周流贯彻，不会遗漏任何一事，也就如上天不会遗漏任何一物一样，如此就可以尽人合天了。

——*根据《近思录》整理*

道体（四十一）

此虚实、动静之机，阴阳、刚柔之始

横渠先生曰：气坱然太虚，升降飞扬，未尝止息。此虚实、动静之机，阴阳、刚柔之始。浮而上者阳之清，降而下者阴之浊。其感遇聚结，为风雨，为霜雪，万品之流行，山川之融结。糟粕煨烬，无非教也。

——传统意义上的宇宙、性命学说

这是横渠先生《正蒙》里面的话。杨伯嵒记载，杨道夫问晦翁（朱子）：

盛大氤氲之气充满大的虚空，此气升降、飞扬，从来没有止息过。朱子回答说：这就是张子（张载）所说的“虚空就是气”。盖天在四周，地居于其中，如果能减少一尺地，那么就会增加一尺气，只是人看不到而已。这指的只是气，万物还未成形。等到“浮而上”“降而下”，则是气已经成形了，所谓的“气融合凝结而成的山川，被火燃烧后余下的灰烬”，都是气的渣滓。只是由于天运转得急，所以才会凝结许多渣滓在中间。地，是气的渣滓，天运不息，昼夜运转，天如果有片刻的停止，那么地必然就会塌陷。晦翁又说：霜只是由露结成的，雪只是由雨结成的。古人说露是星月之气，其实不然，现在看高山之顶，即使是晴天也没有露，因为露只是自下往上蒸而形成的。也有的人讲，在最西方的高山上也没有雨雪。又《孔子闲居》里面讲：天有四时，春夏秋冬，而风雨霜露也只不过是这四时所形成的。大地承载着神妙之气，此气包含着狂风和暴雷，狂风和暴雷在天地间流行，而世间万物开始显露生机，这些无非指天地在成物。杨伯嵒讲：教，就是生成万物。礼是没有丝毫端倪能使人窥测到的，教则是非常明显地摆在那里，使人一眼就能看见。

张伯行在《近思录集解》中解释说：这是张载先生最重要的言论，它说明了气的作用，由此可见气即是理，与“虚空即气”之说是相符合的。盖形而下者是气，形而上者是理，气实理虚，而实之气不会离开虚之理，气与理本来就是一体的，所以说盛大氤氲之气充满大的虚空。以下讲到的盛大氤氲之气，句句都有大虚空之意。末尾的“无非都是理的显现”，仍然符合“盛大氤氲之气充满大虚空”，说明理都是在气上见得。大意是天地之气盛大氤氲，充满于大虚空的无声无臭之中，其升降、飞扬，所以能够生成人和万物，从古至今，从来没有止息过。此气虚实动静的妙用，形成大千世界的形质，这就是机之所在！阴阳刚柔而确立天地万物之体，这就是始的由来！阴阳清浊的区分，形成阳之清的上浮和阴之浊的下降；气因感遇的聚结，合而成为风雨霜雪。人和物万有不齐，森然流布着各自的形体；高山与河流的万古耸立和流淌，昭然显示的是气的融结之质。及至最小的如酒之糟粕、火之煨烬，这些都是气的渣滓。

张伯行在《近思录集解》中解释说：从整体来看，是上天将理展现给人看，这就是所谓的教。既然气在而理就会具备，那么理具备而教就会彰显，形而上即在形而下之中，有和无就是整体的一，所谓的“虚空即气”，于此尤其明显。

——根据《近思录》整理

道体（四十二）

立天地之大义

游气纷扰，合而成质者，生人物之万殊。其阴阳两端循环不已者，立天地之大义。

——传统意义上的宇宙、性命学说

叶采在《近思录集解》中解释说：游气杂糅使人和万物凝结而成形，这是人和万物生成的原因。阴阳之气相互推移以至于循环无穷，是天地这个大义确立的原因。游气纷扰是纬，阴阳循环是经。

张伯行在《近思录集解》中解释说：合而成质，是指氤氲之气交互相合，凝结成人和万物的形质。阴阳两端，如果以动静讲，那么动就属于阳，静就属于阴；如果以始终讲，那么始就是阳，终就是阴；如果以先后讲，那么先就是阳，后就是阴；如果以屈伸讲，那么屈就是阴，伸就是阳。循环不已，指的是阳转化为阴，阴又转化为阳，阳中有阴阳，阴中也有阴阳。因为阴阳两端循环不已，所以天地的大义由此而确立，不同的人和万物由此生成。游气和阴阳之气没有什么不同，游气是用，阴阳是体。阴阳之气的循环，就是所说的乾道变化；不同的人和万物的生成，就是所说的各正其性命。

朱熹先生讲：昼夜运转交替而不会停息，是指两端阴阳之气的作用。阴阳之气运行时，在四边纷扰散出的就是游气，由于游气的作用，所以生出不同的人和万物。我常说，这和石磨磨面相似，在磨的四周，一层层的面只管出来。正如天地之气运转不已，只管层层生出人和万物。其中，游气有粗细的不同，所以生出的人和万物，有偏的有正的，有精的有粗的。

——根据《近思录》整理

道体（四十三）

天体物不遗，犹仁体事而无不在也

天体物不遗，犹仁体事而无不在也。“礼仪三百，威仪三千”，无一物而非仁也。“昊天曰明，及尔出王。昊天曰旦，及尔游衍”，无一物之不体也。

——传统意义上的宇宙、性命学说

叶采在《近思录集解》中解释说：王，是往来通过的意思。《诗·大雅·板》记载，出王，就是出而有所往的意思。旦，也是明。衍，有宽纵之意。讲的是天道光明，凡是人的往来游息之所在，此天道之理无往而不在。此说证明，上天赋予万物以体而没有遗漏任何一个。

张伯行在《近思录集解》中解释说：此言天、地、人都在人一身中，所以人应当遵循天理而行。凡是说体，犹如说做他的骨架。这四句诗出自《大雅·板》。天就是理而已，仁就是人心所具有的天理。天下万物，每一物都有天理的存在，这就是上天为万物之体而没有遗漏任何一个的原因；任何一事都是按我内心之中的天理做出来的，所以仁作为事之体而无所不在。想一想经礼三百，曲礼三千，闪耀着灿然的光辉完整地展现在那里，这都是爱心、敬心、恳切心以及恻隐之心在大纲细目中的显现，而并非那些繁文缛节之事所能做到的，那么仁作为万事之体而无所不在就可知了。人在往来游走作息的过程中，天却时时刻刻与人同在，岂能真有物在天上日日监视着人呢？理无往而不在，人内心如果没有理的存在，那么天就不成为天了，由《诗》之言来看，那么上天成为万物之体而不曾遗漏任何一个，尤其明显。所以作为人如果不仁，必然会一事无成；而稍有戏耍、疏懒、放纵之心，那就必然获罪于天。了知天则会了知仁，在仁上尽全力便是在天上尽了全力。张载先生之言真是极其真切，所以朱子说：此数句是从赤子之心片片讲出来的，岂是荀子、杨雄所能达到的！

张绍价在《近思录解义》中解释说：天是从理中出来的，一物一理，便是一物一天。无一物没有理，即无一物没有天。所以天能成为万物之体而不会遗漏任何一个。仁是心之德、爱之理，遇父则孝，遇子则慈，遇民则爱，所以仁为万事之体而无所不在。大到纲常伦理，小到细微事物，都是天理的流行，没有一事不是仁。从一这个本原而产生万种的不同事物，而这万种的不同事物就是一这个本原，这些都是充满宇宙的真实之理，没有一物不是以理为体的。

——根据《近思录》整理

道体（四十四）

性者，万物之一源，非有我之得私也

性者，万物之一源，非有我之得私也。惟大人为能尽其道。是故立必俱立，知必周知，爱必兼爱，成不独成。彼自蔽塞而不知顺吾理者，则亦末如之何矣。

——传统意义上的宇宙、性命学说

叶采在《近思录集解》中解释说：性是源自天，而人们所能共同获得和拥有的，唯有大人能彻底实践自己之性，所以也能帮助他人彻底实践他人之性，从而能做到和他人相互之间没有任何隔阂。盖性本来就是一致的，所以自己有所立，那么必然会与他人俱立；自己有所知，必要使他人俱知；爱自己必然爱天下之人，使他人都能得到爱；不会独自成就事业，要使他人都成就事业。以上这四项，是大人内心所具有的。立，是礼的骨干；知，是智的用；爱，是仁的给予；成，是义的实现。在礼上自立，以至于在义上成就，这就是为学的始和终。张载先生的教法是将礼作为首要，所以首先说“立”。如果已这样做了，而有的人还是蔽塞不通，不知怎样顺应天理，那也没有办法。然而大人之心本来是要彻底实践这个同一源头之性的。这就是《大学》“明明德于天下”、《中庸》“成己成物”的道理，盖也是《西铭》的根本。

张伯行在《近思录集解》中解释说：此处讲的是，性是所有人共同拥有的，而大人能彻底实践它，做到了能和他人相互无间，是因为他没有自私的思想。万物的根本在于天，上天赋予万物的理就是性，就如水有万个支流，而它们的源头却是一个，所以并非上天只赋予我一个人。然而人人都有性却不能彻底去实践它，唯有大人能彻底实践自己之性，故而能和他人相互无间。

——根据《近思录》整理

道体（四十五）

一故神。譬之人身，四体皆一物

一故神。譬之人身，四体皆一物，故触之而无不觉，不待心使至此而后觉也。此所谓“感而遂通”“不行而至，不疾而速”也。

——传统意义上的宇宙、性命学说

叶采在《近思录集解》中解释说：一，就是纯粹的一；神，是神妙而无所不通的意思。犹如人的身体本来就是一，所以触之即觉，不需要去思虑和计划。

假如人的身体稍微有所间隔，就不是一个整体了，那么痛痒就会感觉不出来。天地生万物没有二心，所以其妙用无所不在；圣人没有二心，故感而遂通，神妙莫测。

张绍价在《近思录解义》中解释说：天地生物是没有二心的，所以其生物就会变化莫测。没有二心就是一，变化莫测就是神。天地只是这一个理，由于理的作用，阴阳有了升降，日月有了上下，寒暑有了往来，所以生人生物，神化无穷。圣人的心，就是一个浑然完整的一理，不二不杂，神妙不测，感而遂通，不疾而速，不行而至。天之所以生成万物而没有遗漏，仁之所以生成万事而无所不在，都是这一理的神妙莫测的作用。

——根据《近思录》整理

道体（四十六）

心，统性情者也

心，统性情者也。

——传统意义上的宇宙、性命学说

叶采在《近思录集解》中解释说：朱子讲，统，是主宰的意思。性，是存于心的理；情，是心的作用；心，是性与情的主宰。

张伯行在《近思录集解》中解释说：这里讲的是人心的微妙。人心包含着性与情，这种说法道出了以前的圣人所没有讲过的见解，从而对后来的学习者有莫大的贡献。心是神明所在的地方，为一身的主宰。性则是人接受的上天之理而具备于内心的；自智识发出，触及念虑的，都是情。朱熹先生讲：未动的就是性，已动的便是情，心则是贯穿于动静而无所不在的。

茅星来在《近思录集注》中解释说：朱熹先生讲，统，就如统兵之“统”。心如果寂然不动，而仁、义、礼、智之理俱全，就是心统性。心如果随感而应，而恻隐、羞恶、辞让、是非这四端显现，那么就是心统情。朱熹先生又讲：孟子讲“恻隐之心，仁之端也”，这是从情上见心。又讲“仁、义、礼、智根于心”，这是从性上见心。盖心就是包含着性与情。

江永在《近思录集注》中解释说：朱熹先生讲，统，犹如兼的意思。性，是心之理；情，是心之动；心，是性情之主。凡是物必然有心，而其中必然是虚的，人心也是如此。只是这虚处，却是包含、隐藏着许许多多的道理，弥纶于天地，包罗着古今，推广开来，则天地万物莫不是此理的作用。这就是人心微妙的原因。理在人心，称之为性，性就如心的田地，充满于这虚中，也都是理而已。心是神明存在之舍，为一身的主宰。性就是得之于天的许多道理而存在于人心的；在智识念虑处发出的都是情，所以说“心统性情”。

张绍价在《近思录解义》中解释说：仁生成万事而无所不在，不外乎就此一心，因为“心，统性情者也”。仁、义、礼、智，是性，是根于心的；恻隐、羞恶、辞让、是非，是情，是自心而发的。仁，本来就是心的全部之德，统领着四端，兼具着万善，用静而且敬的方式来存仁，这样就是养性。心之仁确立，则义、礼、智就都是仁。心动用敬来监督，那么情就有了约束。内心的仁流行，则羞恶、辞让、是非就都是恻隐，那么仁生成万事而无所不在的道理就非常明显了。

张伯行在《近思录集解》中解释说：新安陈氏讲，“性情”二字都从属于心，心能涵养此性，所以心统性；心能节制此情，所以心统情。性就如在军营之内的军队，情就如临阵的军队，都是将领实实在在地统领着。学习者由此得知，凡是静而存养性、动而监察情，都是心实际统领的，而不可有片刻的放松。张载先生此言，可以说深切而又明显。

——根据《近思录》整理

道体（四十七）

由通蔽开塞，所以有人物之别

凡物莫不有是性。由通蔽开塞，所以有人物之别；由蔽有厚薄，故有知愚之别。塞者牢不可开，厚者可以开，而开之也难，薄者开之也易，开则达于天道，与圣人一。

——传统意义上的宇宙、性命学说

杨伯嵒先生根据《中庸》讲：每个人天生的资质禀赋并不是一样的。以知而言，有的人是天性清明，对义理的理解非常透彻，是生而知之者；有的人则需要反复研讨论证，等到学习以后知之；有的人学了以后还是不能理解，所以必须用心学习，费尽心思才能够知晓。这三等人闻道虽然有早晚，但是等到他们都知晓以后，所达到的境界也没有什么不同，因为他们的所知是同一个知。以行道而言，有的人德行纯粹，安于义理，自然而然就能行得很好；有的人对道知得真而深厚，又孜孜不倦地努力，就如有利益推动着他而行；有的人力量达不到，只有奋发才能行。这三种人的行道虽然有难易，但是等到成功后他们所达到的境界也没有什么不同，因为行的道是同一个道。又讲：别人付出一分的努力，那么自己就要付出一百分的努力；别人付出十分的努力，那么自己就要付出一千分的努力。只要这样，那么即使愚蠢的人也必然变为聪明的人，即使柔弱的人也必然变为刚强的人。杨伯嵒先生又讲：人接收到的上天之气不同，所以觉就有先后，知就有难易。人最怕的就是不专心去实现自己的志向，倘若能自强不息，那么气质不好的就可以转变为气质美好的。不然鲁莽、草率地学习，或者是有时学有时不学，一曝十寒，然后又去讲“气质天生不好，不是学习可以改变的”，这种人就是自暴自弃之人。徐子融以书信形式问朱熹先生“枯槁之中有性有气，所以附子是热性的，大黄是寒性的”，这里徐子融提到的枯槁之物的性，属于气质之性。陈才卿也是铅山人，他说这枯槁之物的性是本然之性。朱熹先生讲：徐子融将知觉作为性，所以就将此作为气质之性，性即理，有性就有气。这是由于附子、大黄这样的枯槁之物禀受了上天的许多气，所以也就有了许多理。陈才卿说这枯槁之物是有性而没有仁的。先生说：此说也对，这枯槁之物本来就不曾禀受这样全的道理，唯有人禀受的是上天全部的道理。又如动物之性接近于人性，虽然动物有知觉，可是死亡不久形骸就变得腐坏了。植物虽然没有知觉，然而其质地却是持久难坏。朱熹先生讲：性是太极浑然的本体，本来是无法用语言来描述的，但是这性的本体中包含着万理，而这万理中大的关键部分有四类，所以分别命名为仁、义、礼、智。孔子的门派未曾完全将之讲出来，到了孟子时期，人们往往还认为性是不善的。孟子思考后想将这些道理阐明，然而倘若只是说性是浑然全体，又恐怕成为无星之秤、无寸之尺，最终不能使天下人明白，于是他又另外提出四端之说（恻隐、羞恶、辞让、是非）。盖四端还未发动时，性虽然寂然不动，然而其中自有条理，自有间架结构，不是笼统没有一物，所以只要外边一感，中间马上就应。就如婴儿即将掉入井内之时，这样一感则仁之理便应，而恻隐之心于是乎显现了；又如在宗庙举行仪式，这样一感则礼之理便应，而恭敬之心于是乎显现出来了。盖由于性的本体众理浑然具备，个个分明，外边一有所感则会随感而应，故四端之发，各有不同的面貌。所以孟子将这四端展示出来，学习者便知浑然全体之中有这样的粲然分明的条理。性的浑然全体是没有形象可见的，那如何能见到其粲然分明的条理呢？盖由于理的可验，依然可以在它发动处得到验证。凡是物必然有根本，性之理虽然无形，而在其发端处最能得到验证，所以由其恻隐必知其有仁，由其羞恶必知其有义，由其恭敬必知其有礼，由其是非必知其有智。假使没有这样的理在内，那么如何有这样的端于外？因为有端在外，所以必知有这样的理于内，而这是不可欺骗的事实。

既然知道了仁、义、礼、智的分别，又必须知道在这四者之中，仁、义是对立的关键。盖仁，仁也，而礼则是仁的显现；义，义也，而智则是义的收藏。犹如春、夏、秋、冬虽然是四时，然而春、夏属于阳，秋、冬属于阴。故曰“立天之道曰阴与阳，立地之道曰柔与刚，立人之道曰仁与义”。由此而知，天地之道如果不是两个相对立的存在，则不能成立，所以端虽有四个，而成立的只是两个而已。仁、义虽然是对立的，而成立则是相对的两个，然而仁是实在地贯通于仁、义、礼、智四者之中的，所以说，仁是仁的本体，礼是仁的仪式，义是仁的决断，智是仁的分别。犹如春、夏、秋、冬虽然不同，却都是出自春，春则是春之生，夏则是春之长，秋则是春之成，冬则是春之藏。自四个而成为两个，自两个而成为一个，那么统一起来看都是一个祖先，会合起来看都是一个源头。故曰“五行一阴阳，阴阳一太极”。仁包含着恻隐、羞恶、辞让、是非这四端，而智居于四端的末尾，或是因为冬是收藏的意思，所以说万物有始有终。恻隐、羞恶、恭敬，这三者有可为之事，而智则无事可为，只是分别为是为非而已，所以称之为藏。另外，恻隐、羞恶、恭敬都是一面的道理，而是非则有两面，既分别其所做的正确，又分别其所做的不正确，是对万物之象做出的终始判断。

张伯行在《近思录集解》中解释说：人与万物所共同具有的是一个性，然而所具有的气是不同的，最宝贵的是人如果能彻底实践此性，就会达到天道的高度。凡是物，有气则会有理，理气相合而成为性，这是人与物的共同之处。虽然上天赋予的性相同，然而人与物所得到的上天之气的清浊各异。由于气有通、蔽、开、塞的不同，所以就出现了万物有的灵有的蠢的现象，从而就有了人与物的分别。由于气对人的遮蔽有厚、薄的不同，所以有的人聪明有的人愚昧，于是人就有了智、愚的区别。塞，是得到的极浊之气，故牢固而不可开，这就是成为物的原因。同样的，作为人就不能没有遮蔽，遮蔽得厚，即便不是极浊，可是接近浊，所以虽然可以开通，但是开通起来也难。遮蔽得薄，介于清浊之间，那么开通起来也容易。人最怕的是不能通过学习来开通，开通了则会使用精明的察识，加上扩充的力量，由此就可以向上达到天之道，这样不就与圣人合而为一了吗？盖在人则为仁、义、礼、智之性，在天则为元、亨、利、贞之天。道本来就是同一个理，如果能不为气所拘而做到开通，那么就会天人合一、圣凡同归。可是无奈有的人却甘愿自暴自弃，而向下等同于物。

——*根据《近思录》整理*

序言

施璜讲：朱子编辑《近思录》的想法是，首先论述道体，让人们了解什么是真正的大道之体，从而使内心产生向往，然后再教导人们如何去用力。盖教导人不能不按照次序，而学习也必须要自低到高、由近及远，有科级、有次第，不能拔苗助长。学习者先看此卷，目的是坚定自己前进的方向，有成为圣贤的必然之志，然后就可以循序渐进，在真实的地方用力了。呜呼，自孟子去世以后，圣贤之学失传已经很久了，有些学者会在与自己性情比较接近的层面去为学。比如，有的以辞章的优美作为夸耀的资本，有的以功利之学作为接近权势的手段，有的以虚无寂灭来满足自己的快乐，总之全然不知圣贤之学才应该是人人分内所必须要做的事。等到周敦颐先生出现后，那希望成为圣贤的学问才开始明朗，又得程颢、程颐、张载先生以及朱熹先生相继发明这些圣贤之学，如此，为学的方法才大大地完备了。然而这些方法里面最为重要的就是使人先要立志，立志一定要成为圣贤，就不会被异端邪说所惑，不被绚丽的文采所迷，不被功利权势所夺，那么这样就可以来真正谈谈学问了。

——根据《近思录》整理

为学（一）

志如伊尹，学如颜子

濂溪先生曰：圣希天，贤希圣，士希贤。伊尹、颜渊，大贤也。伊尹耻其君不为尧舜，一夫不得其所，若挞于市；颜渊不迁怒，不贰过，三月不违仁。志伊尹之所志，学颜渊之所学，过则圣，及则贤，不及则亦不失于令名。

——传统意义上的为学方法

张伯行在《近思录集解》中解释说：这是周敦颐先生希望学习者要立志成功。希，期望的意思。道所蕴藏的道理无穷无尽，而为学最主要的目的就是明白道中的德义。圣人是生而知之、安而行之的，他的气质、地位最高，如此还不能自我满足，仍然孜孜不倦，思考着如何去效法天的学问。这样有心效法天而又无为的圣人，还期望能成为无心而又能成就造化的天，圣人就是如此。圣人以下则有贤人，贤人是才德过人者。然而贤人在学习上也不敢松懈，必须朝夕勤奋苦读，将圣人作为自己的榜样。这样的学而知之、利而行之的贤人，也以成为生而知之、安而行之的圣人来勉励自己，贤人就是如此。何况那些号称士的人，乃人中之秀，刚进入学问的道路，不可对自己期待过高，如果能致其知、勉其行，或许可以达到贤人的程度。盖如果能刻苦努力向前，则可循序渐进不会停止，由贤希望成为圣，希望成为天，都不会困难。如果不能立志，颓废其功，不仅不能进入圣贤境界，而且就连士也算不上，学习者怎能不奋发勉励自己呢？

商代之时有伊尹，圣门之中有颜渊，都是大贤人。伊尹耕种于莘国之野，喜爱尧舜之道，他应成汤三次诚挚的邀请才出山，只是想要将尧舜治理天下的道理教给国君和百姓。而如果国君不想成为尧舜那样的圣人之君，伊尹就会为自己感到羞耻；天下之大，如果有一人失去了做人的准则，那么伊尹就认为是对自己的侮辱。通过观看《尚书》里面的记载，而知伊尹念念不忘要成为尧舜那样的人，这是伊尹的希圣。颜渊居住在简陋的巷子里，喜爱仲尼之道，他继承了孔夫子的克己复礼教法，于是能够纯养其心性，以至于不迁怒不贰过（不迁怒于别人，不犯同样的错误），当发怒时对自己惩罚得深，当有过时使自己改正得勇，私欲除去得何等干净！三个月的时间，内心能合于仁而不违仁，历时这么久的纯粹心理，天德是何等刚！读《论语》就能看到颜渊的孜孜好学，以孔夫子为榜样，就是颜渊的希圣。

过、不及，就用力而言。同样是立志学习，而用力有深有浅，那么所达到的目标就有远近的不同。用力精勤，积蓄了上进的力量，则会直接超越贤人而达到圣人的境地；如果用力稍逊，仅仅是追随，那么只是会积蓄和贤人相同的量，而只能达到贤人的境地。即使是用力不足，在后面瞠着眼睛看着前者，然而实际上也去做立志学习的活动，这也是自我表现，仍不失好的名声。这都是只要功夫到，效果就会立刻显现。士人何必有顾虑而不立志奋进，去充分地学习呢？

张伯行评注此段讲：从周敦颐先生论述对志学的要求逐渐降低来看，可见他渴求之心的强烈、对士子希望的迫切。世上为士者，如果能知道此志此学，乃本于天道，而所从事的乃圣贤相传的事业，自然会远离追求虚荣获取利益、喜好异端恃才傲物等行为，从而一心归于正大。那么立志与学习交相共进，不患没有成就。出仕则会成为辅佐君王之栋梁，独处则会成为纯粹的儒者，如此则尧舜之风气还可以重新见到，儒家之精神还可以重新振兴！

——*根据《近思录》整理*

为学（二）

以德为重，文艺为轻

圣人之道，入乎耳，存乎心，蕴之为德行，行之为事业。彼以文辞而已者，陋矣。

——传统意义上的为学方法

朱子讲：希望人真正明白道德的重要性，而不要陷溺于浅薄的文辞中。

张伯行在《近思录集解》中解释说：周敦颐先生希望人们学习有用的真实学问，不要学习那些没有意义的虚词。学习应当以圣人之道为大，平日讲习讨论，对于听闻到的，入于耳必然有欣喜的感觉。对学问的探求最为精辟，分辨最为恰当，就可以存于心内，沉浸其中深入领会，令所学变得纯熟而贯通。由于这样积蓄得越来越深，内心就会悠然自得，美在其中，于是就有了根心生色之妙。而凡是日用平常的一举一动，都是内心所得而见之于身体力行的，这样的德行都是极其纯粹的。等到德行充满内心，在实际的行动中，自然能显现出他强大的日新能力，而伟大的事业都是由此发出的。如此才是有体有用之学。虽然说有德必然有相应的语言，有时圣人之德也会通过载道之文流传下去，然而德行作为根本，文艺作为末端，这个文艺已经不是圣人所重视的了。况且那些没有实际内容之辞，既无法达到担当身心性命的目的，又无益于完成治理家国天下的任务，君子何必这样做呢？那些善于使用华丽文辞者，只是悦人耳目而已，这样的人见识、情趣自然是非常卑陋的。学习者应当重视自己的追求，修德来实现自己的目标，这就是圣人的大道。

朱子评注讲：圣贤之心，既然有如此精明、纯粹的真实，以磅礴之势充塞于心间，那么显现在外的必然是条理分明，光辉越发无法掩藏。盖这些是不需要通过语言记录于简册而称为文的。只要自己一身和万物相接，那么自己的语默动静，人们能够见到的，无非是文而已。有的人仅仅想在文辞上下功夫，就是所谓的文者末矣。

——根据《近思录》整理

为学（三）

颜子所好何学论

或问："圣人之门，其徒三千，独称颜子为好学。夫《诗》、《书》、六艺，三千子非不习而通也，然则颜子所独好者，何学也？"伊川先生曰："学以至圣人之道也。""圣人可学而至欤？"曰："然。""学之道如何？"曰："天地储精，得五行之秀者为人。其本也真而静，其未发也五性具焉，曰仁、义、礼、智、信。形既生矣，外物触其形而动于中矣。其中动而七情出焉，曰喜、怒、哀、乐、爱、恶、欲。情既炽而益荡，其性凿矣。是故觉者约其情使合于中，正其心，养其性；愚者则不知制之，纵其情而至于邪僻，梏其性而亡之。然学之道，必先明诸心，知所养，然后力行以求至，所谓自明而诚也。诚之之道，在乎信道笃，信道笃则行之果，行之果则守之固。仁义忠信不离乎心，造次必于是，颠沛必于是，出处语默必于是。久而弗失，则居之安，动容周旋中礼，而邪僻之心无自生矣。故颜子所事，则曰：‘非礼勿视，非礼勿听，非礼勿言，非礼勿动。’仲尼称之，则曰：‘得一善，则拳拳服膺而弗失之矣。’又曰：‘不迁怒，不贰过。有不善未尝不知，知之未尝复行也。’此其好之、笃学之道也。然圣人则不思而得，不勉而中；颜子则必思而后得，必勉而后中，其与圣人相去一息。所未至者，守之也，非化之也。以其好学之心，假之以年，则不日而化矣。后人不达，以谓圣本生知，非学可至，而为学之道遂失。不求诸己而求诸外，以博闻强记、巧文丽辞为工，荣华其言，鲜有至于道者。则今之学与颜子所学异矣。”

——传统意义上的为学方法

清代著名儒者张伯行在其《近思录集解》中解释说：在此篇文章中能看出伊川先生所学是正统的，也知道他对周敦颐先生的学说用功极深，所以在他的文章中就可以看出，每一个字都是根据周敦颐先生的《太极图说》理论写出来的。当今的有些儒者，劈头一个“学”字，便不知道如何往下走了，这些漫无目标的做法，简直是一无是处。殊不知学习乃根据上天的道理而来的，圣人的所学就是学习的天道，所以想要学习上天道理的学问，舍弃了圣人，又能找谁呢？现在的有些人如果听见是学圣人，就会嗤之以鼻而以为是怪事，这些人难道不想一想，儒者不学圣人又学个什么呢？即便不论科举取士、希荣逐利、怪诞异端，这些充满着种种弊端而且荒谬的学问，即使从事《诗》、

《书》、六艺等的学习，如果不是切实为了改变、提高自己而学，只是模仿圣人的行为，纵然是朝夕记诵，也只是走过场，没有实际的益处。伊川先生刚满十八岁时到太学去游学，正赶上胡安定先生以《颜子所好何学论》为题，对学生进行考试，伊川先生根据所问的题目也做了答述，后来此文就被举为最重要的范文。

文章内容大意如下，有人问朱熹先生："圣门弟子有三千多人，唯独颜子被称为好学，我私下以为，对于《诗》、《书》、六艺等学问，三千学子经常温习的，也未必只有颜子一人。颜子不说话时，和众人并没有什么不同，然而孔夫子唯独称赞他，那么他所喜好的是什么学问呢？"朱熹先生回答说："颜子学的不是别的，就是寻求如何成为圣人的方法。"又问："成为圣人这个目标是如此之高，岂是后人通过学习就能达到的？"朱熹先生回答说："通过学习就一定可以达到。人就怕不学，不学就无法达到，努力去学就没有达不到的。"这是《为学》开篇的第一义，正是伊川先生最为重要的思想。

学，本来的目的就是要学习如何成为一个人，在学习之前，应当首先知道人是如何而来的。人的根本就是天地，天地储藏着阴阳之精，随着天地的相互作用，阴阳之精则会相遇而产生变化，于是这种变化就产生了水、火、木、金、土之气，称为五行之气。五行之气杂糅在一起又相互作用，于是天地滋生繁衍的作用就显现出来了。在所生的一切生命中，得到五行之气最优秀的就成为人，人乃天地精英汇聚而成的。所以生而为人，无论智、愚、贤、不肖，都应当这样认为：理、气本来在人身是固有的，能满足、实现人全部符合道理的日用，假使人在天地间只是醉生梦死，这样的人生还有什么意义呢？所以学习最重要的就是密切结合自身而做到改变。

人在刚出生之时，他内心的本体是纯粹自然的，具有没有丝毫妄念的真，和淡然没有丝毫纷扰的静。在他心性未发动时，内心是空寂无形的，而其中却蕴含着具有变化生成作用的自然之气，以及具有通过微妙变化而能生成实际之物的当然之理，内心之性已经完全齐备，没有丝毫欠缺。这内心之性归纳起来分为五个，即仁、义、礼、智、信，也就是称为性善的。学习最宝贵的就是能够尽到自己全部的心意，去发现自己固有的本性。

人的情感之情，是由心性变化而来的。由性变化成为情的过程是这样的，人刚刚出生时，内心的状态是静止的，然而有静止的状态就不可能没有动态，而动又必须借助形体。气虽然是承载着理而成为形体，然而形体既已出生，便成为有五官四肢的身体这样的形器。外界的某些事物和自身相互交集相互吸引，从而使内心有所感触，于是就不可能无动于衷。心中一动，心志也因此有所牵系，故内心的阴阳五行之性，流动转化而成为七情，于是这七情纷纷有交相杂出的势头。七情是哪些？就是喜、怒、哀、乐、爱、恶、欲。七情一旦发动就必须有节制才行，这就必须通过学习，运用仁、义、礼、智、信这五性来对治杂出的喜、怒、哀、乐、爱、恶、欲之情。

情虽然出自性，然而也足以乱性。盖七情的流出，本来就有接连不断一天比一天严重的势头，就如火的燃烧，一旦形成熊熊烈火之势就不能扑灭，那么此情必将放荡而难救。七情如果达到了放荡难救的程度，人的全身上下都是情欲在用事，此心就不能自主，那么性的本体之根就会被破害而不坚固了。所以明觉之人知道有这种病，当情刚刚初动时就必加以约束，使情符合不会过也不会不及的中，从而一切都符合礼制，然后就可以使人的内心中正而无偏，心性得以涵养而不受到伤害。那些昏庸愚昧之人则不知情的弊端，不去主动遏制情欲的流动，反而纵容其滋长，在情所在之处流连忘返，以至于不停地放任自己，形成了自己不端的品行。到了如此境地，残害自己的心性已经达到了很深的程度，这样势必将造成内心仁、义、礼、智、信的消亡。所以学习的目的最宝贵的是存有这颗心，涵养内心的五个心性。

提到学习的方法，固然应当在天、人、性、情这些方面努力求得明了，真正在知上明了了，而后才会真正去喜欢它。所以必须先将理弄明白，了然于心，知道怎样进入学习这条路，以及如何到达终点；怎样学习人情事理以及自然规律，其中自然有先有后，而不可紊乱。然后就可以循序渐进，身体力行，以求达到私欲净尽、天理流行的境地了，就像子思所说的，“自明而诚，由教而入”。这就是学习的方法，须先明了“知”，使内心完全明了，而后喜好之情才会从这里真正生出来。

我们通过对内心“知”的明了，就会越来越喜好学习，而喜好学习必然会有愉悦的感受，然后内心就会更加深深地喜好学习了。思维真实的道理，便会发现道理就存在世俗之中，存在我们身边，而通过学习也就必然可以见到这些道理，这样才能称为信的深厚。既有信的深厚又遵循道理做事的人，必然属于行动果决、思想不会被迷惑的人。行动果决就会持守这些道理，内心坚固而不可动摇，于是对于仁义忠信的道理自然会念念不忘，一刻也不会离开自心。喜好学习，是发自内心的。内心喜好学习，便能在仓促苟延之时，在失败流离之际，内心都存有仁义忠信，所以喜好学习的态度是不应该经常改变的。不论是出而为仕还是独处在野，不论是言说还是沉默，仁义忠信无不是存在内心，由此得知终生学习的重要性。喜好学习越来越久而没有放弃，则不管居于何处，内心都会越来越安然稳固。即便是在身体容貌的一举一动之间，周旋进退的礼节也没有不符合礼的地方。行为纯粹，心志就愈加紧密，外在成熟，心中就更加坚强，那么邪僻之心就无从生起，如此，基本上就有从容自得之乐了。

颜子深深潜入学问之中，内心纯粹，博学于文，约之以礼，用尽自己最大的才华，一听闻仁、义、礼、智的教法就坦然相信而没有一丝疑惑。在自己的视、听、言、动方面，阻绝不符合礼的因缘，从而使内心的天理完整无缺。颜子终生所从事的为学事业，最贴切的功夫莫过于此。“非礼勿视，非礼勿听，非礼勿言，非礼勿动”乃好学的基础，在自己的视、听、言、动四个方面，切断不符合礼的因缘，那么内心的中正自然就会非常坚固。

颜子的所学，体现在容易见到的事物上；而颜子的好学，则体现在当他内心有不明白的地方时，就在孔子称赞过的地方寻求答案。《中庸》里面引用孔子的一段话来称赞颜子的为人，说“得一善，则拳拳服膺而弗失之矣”，就是指颜子好学的精神已经体现在他能选择、能守持上了。孔子又称赞颜子说“不迁怒，不贰过”，就是使用《易》里面的语言，称赞他几乎可以达到这样的标准了。孔子又称赞说：“自己有不善很快就能发现，知道了就马上改掉，不会重复犯错。”如果颜子不喜好学习，不如此深入其中，又怎能有克制愤怒、抑制嗜欲、改过迁善的勇气呢？这就是颜子有深厚的好学精神，学习的方法又清晰分明而不虚妄，难怪圣人不停地称赞他。

颜子与圣人相比，还是存在一定差距，还是有不同之处的。我们知道的颜子，所学的是圣人之道，而要达到圣人的境界必然要通过学习。颜子将圣人当作自己的榜样，所以努力学习而期望尽早达到圣人的境界。圣人则是天生的天性清明，对义理的理解非常透彻，是生而知之者，不刻意去思考就自然全都明了；圣人德行纯粹，所以能安然于义理，自然而然就能行道，不用勉强而自然就可以行事处中。颜子则要通过学习，必须在思考后才能获得义理，必须经过努力才能处于中道，这就是颜子与圣人的差距，而这个差距有多大呢？由于颜子精进地学习，所以他与圣人的距离是非常接近的。颜子之所以没有能一蹴而就成为圣人，是因为他内心仍然坚持固守着得到的道，没有做到与道自然融为一体，无法忘记自己的思维和自我勉励的痕迹，从而无法达到浑然而化。可惜，颜子得到的上天之气有些薄，没有将他的学习进行到底。

以他的好学之心，如果他的寿命再延长一些，那么凭借他对学习的思考和努力，不用多长时间就会产生质的变化，或许就可达到圣人之境了。那么又有谁说像颜子这样学习圣人的人，而不能成为圣人呢?

后世的人学习圣人之道存在一定的误区，所以离圣人的境界就越来越远，然而这并不代表圣道不可学。像孔子这样的圣人也曾经说过自己非常好学，而颜子也以好学著称，这正是颜子善于学习圣人的地方。后世的人达不到圣人的境界，就认为圣人之道是绝世的造诣，本来就是生而能知的，不是通过学习的力量可以达到的，于是相互尊崇其名却忘记了其真实的内涵，绝口不敢说学习圣人，那么在这样的前提下，当他为学之始，其道就已经丢失了。舍弃自己的身心不用，不知这个身心可以达到圣人的境界，偏偏去追求身外之物，执着喜好那些不能使自己成为圣者的东西，即使每日学习《诗》《书》，去广博见闻，勉强记诵，所学的那些也只是白白地充当笔墨写作的资本。于是巧饰其文，富丽其辞，以悦人耳目成为炫耀功夫的高低，那么即使才华横溢，众人群服其言，然而大的根本已经错了，那么寻求通过学习达到圣人的境界，这样的目标就不可能实现了。现今的儒者也并非没有所学，只是与颜子所喜好的不同而已。学非所学，即使喜好学习，那也是错误的，徒令圣人之道遗失千载之久，况且经历了这么长时间天地的精英也没有出现一个奇才，真是何其冤枉啊!

——根据《近思录》整理

为学（四）

定性书

横渠先生问于明道先生曰："定性未能不动，犹累于外物，何如？"明道先生曰："所谓定者，动亦定，静亦定，无将迎，无内外。苟以外物为外，牵己而从之，是以己性为有内外也。且以性为随物于外，则当其在外时，何者为在内？是有意于绝外诱，而不知性之无内外也。既以内外为二本，则又乌可遽语定哉？夫天地之常，以其心普万物而无心；圣人之常，以其情顺万事而无情。故君子之学，莫若扩然而大公，物来而顺应。《易》曰：'贞吉，悔亡。憧憧往来，朋从尔思。'苟规规于外诱之除，将见灭于东而生于西也。非惟日之不足，顾其端无穷，不可得而除也。人之情各有所蔽，故不能适道，大率患在于自私而用智。自私则不能以有为为应迹，用智则不能以明觉为自然。今以恶外物之心，而求照无物之地，是反鉴而索照也。

《易》曰：‘艮其背，不获其身；行其庭，不见其人。’《孟子》亦曰：‘所恶于智者，为其凿也。’与其非外而是内，不若内外之两忘也；两忘则澄然无事矣；无事则定，定则明，明则尚何应物之为累哉？圣人之喜，以物之当喜；圣人之怒，以物之当怒。是圣人之喜怒，不系于心而系于物也。是则圣人岂不应于物哉？乌得以从外者为非，而更求在内者为是也？今以自私用智之喜怒，而视圣人喜怒之正为如何哉？夫人之情，易发而难制者，惟怒为甚。第能于怒时遽忘其怒，而观理之是非，亦可见外诱之不足恶，而于道亦思过半矣。”

——传统意义上的为学方法

张伯行在《近思录集解》中解释说：此处能见到程子的“知性”之学，即周敦颐先生提出的“静而无静、动而无动”的道理。通篇就在“累于外物”上反复辨析，而这里张载先生和明道先生首先讨论“定性”的意义，盖张载先生也知道，我所得到的天之理本自宁静，一无所累，而得到的天理成为内心之性，终究是不能不动的，内心一动，外物就有纷扰之病。所以张载先生问如何使性不被外物所累，这也是他在意上刻苦用功多，而在性的自然上却很少理会，不知性即是理。天下没有不定的理，那么也就没有不定的性，刻意想要求定，就已经不是性了，所以明道先生先给张载先生论“定性”的问题。所谓定，并不能使之不动，也并非离开动以后而定。顺应天理而动，动也是定，即便静时也不过就是此天理，所以静也是定。天下没有性外之物，何处送以往之事？我的内心不是无物的性，何处去迎未来之事？我内心之性就是外界事物的理，那么在何处分的在内之性？凡是外界的事物都是性内之理，那么又在何处分的在外之物？这样理解才可以说定。

姑且用自己的心性来讲，当其与外在事物交接时，如果将在外的事物当作外，必然会牵引着内在的心性去跟随着此事物，那么自己的心性就有了内外之分了。如果在内的是一个心性，在外的又是另一个心性，而天下是没有这样的心性的。况且在内的心性即将应物而跟随着事物在外时，这个在内的心性就必然不会存在于内了。然而何曾有过没有在内的心性？又何曾另有一个在内的心性呢？现在有的人专门想利用在内的心性来求定，就刻意地杜绝外在事物的诱惑，然而这种人不知心性与万物万理本来就是一，不是二的关系，心性在根本上就没有内外之分的。现在有的人将内作为心性，将外当作物，互相之间没有管辖统摄，就成了心性在内成为一个根本，物在外又成为一个根本，那么感应之时便有了这个是彼、那个是此的分别了，心性又怎么可以称作定呢？

人如果不知道自己的心性，为什么不观察一下天地呢？人的性命来自天地，天地的常理就是性理。天地何曾不使万物发生微妙变化呢？虽然不能说明什么是天地之心，然而能主宰万物，能运用万物，就是天地之心的作用。天地之心的顺动，使上天的理气已经普遍存在于万物之中，而其中的变化之工又是寂然的，一如天地就像无心一样，这就是天地的定。让我们再来看看圣人，圣人之性就是一个浑然完整的天地之性，天地的常性就是圣人的性。圣人固然也是应万事，虽然不能说圣人有常情，而他所以能感而遂通、诚恳、融洽，也就是他的情。只不过圣人是根据其应而生其情，随机出现而随时适宜，这样普遍深入万物之中，而圣人的这些行为，就好像是无情的样子，这是圣人的定。所以君子的学习，就是学习圣人以顺应天地。学习圣人的顺应天地，莫若涵养自己的心性，使心廓然而没有一丝私欲的存在，从而以大公之心待天下之来。这正是不必求其不动，即事物来临之时，就随其自然，因为事物有各自的当然准则，所以就可以顺应这个当然准则，故又何必以事物为累，而担忧它不定呢？这固然是性的自定，然而定性的功夫没有比他更贴切的了。

这里又引用《易》里面的语言，来说明外在事物诱惑难以除去的道理。人内心的感应本来就牵引着无穷之事，倘若见识短浅，只是想除去外界的诱惑，恐怕除是除，一物刚被除去，另一物又来，此念才消，转念又至，眼见灭得东边火，西边又发烟。不是每日用功不足，而是哪里又有这么多时间来做灭除的事情？况且人的思绪纷纭无穷，也不可能全都去其根而灭除。

人情由于见理不明，所以各有所蔽，而难于进入大道。大概所患在于自挟一己之私，而欲用其察察之小智。有自私的心，那么当出而应物时，凡是有所作为，都想要以自己为中心来驾驭万物，而不肯顺应事物自然的轨迹，怎么会有顺应的妙处呢？有用智的心，那么当这个想法存在且主于心中时，自认为明觉，实际上都是机心用事，而不能任其本体自然的智慧，怎么会有大公之体呢？现在也将外物当作累赘而厌恶，这就是使物与心性不相关联了，这是何等自私！这种认为心性中本无物，想要无物之心性而求得能定，不等于是用智吗？这犹如不用镜子的正面，而去使用其背面来照物，怎么能达到目的呢？

自私和用智，就是将外在事物认为是错的，而将内在的心性认为是对的，岂不知心性本来就没有内外之分。与其以外为非，而以内为是，则不如不存内外之见，用理贯通内外而成为一，那么对与错、是与非就都可以两忘了。两忘则在内的只是万物之理，在外的都是性理的推移，内外就会澄澈贯通，内心就没有多余的事了。内心无事则没有彼此交错纷乱的纷扰，从而能泰然自定。心性定则是以理为主，内外通透，没有遮蔽而清明。心性清明则当事物作用于事物时，就会随处皆宜，哪里还有什么应物之累呢？如此则廓然大公，物来顺应，一以贯之，那么心性自然安定而不可动，而遇物之时，心性也自然会安静。

喜怒，属于情。情的根本是性，所以情最足以验证性。圣人怎么会没有喜呢？然而圣人是因为这个事物当喜所以喜，圣人又怎么会为了自己的私意而喜呢？圣人怎么会没有怒呢？然而圣人是因为这个事物当怒所以怒，他又怎么会为了自己的私意而怒呢？圣人的喜怒不挂在心上，正是因为用喜怒来见心性之定是合适的。而喜怒原本就是和外在事物相关联的，不能因为喜怒和外在事物有关系，就认为外在事物是累赘。圣人从来没有使用自己的聪明来应对喜怒，这难道不是利用自己内心的心性不动来应对事物吗？对事物的当喜当怒，圣人尚且不以喜怒为不对，又怎么会认为外在的事物不对，而要求内在的心性是对的呢？如果必须说心性静了才能定，动则是多属于为外在事物所累，那么从那些使用自私、聪明的人的喜怒来看，他们被外物所累实在是太多了，与圣人的廓然大公，物来顺应，得喜怒之中正，真是相去太远了。那么定者自定，不定者自不定，而心性不必离开外物才能定的观点就非常明显了。

在人的七情里面，容易发动而又难以制服熄灭的，只有怒最为严重。自己内在的心性不稳定，必然会被外物所牵累。然而等到发怒时，如果能平心、和气，忘掉自己的怒气，使心胸廓然大公，再反观发怒的原因是不是合乎天理，来求得物来顺应的准则，就会当怒则怒，不当怒时自然就不会发怒。外在事物安定，那么心性也就会安定，可见外在事物的诱惑是不能牵累心性的。而厌恶、杜绝外物，多属于那种执着于内外之见的人。这样一来，内外一如，那么一个心性稳定的大一统的宇宙全体，在此就可以得以验证，这种思维，对于体悟大道也就差不多了。自从世人失去了对心性的辨别能力以后，平庸愚昧之人总会追逐外而忘记内，每日被外物所累而不关注内心。而异端之学，以自私之心每每假托于清净，说自己在内能见到心性，却不知这种遗弃外物正是灭绝心性的行为。像横渠先生这样通达之人，尚且有去除外物以求得心性安定的想法，那么有些贤智之人将外物与心性分开的过错也就在所难免了。岂不知性乃我心之理，推广来讲，大千世界人与万物的一切交集变化，无非是此理的运用。人只要能廓然大公，物来顺应，那么就会内外合一，动静全都适宜。我呢，就如心性一样自如，万物呢，就各有所止；天地无心而成化，圣人有心而无为，都是这样的一个整体作用。在这样的整体下，天下动到极致，也不会产生混乱，天下之道如此深奥，也不会厌恶仁善。周敦颐先生讲："圣人定之以仁义中正，而主静立人极。"又曰："无欲则静虚动直。"这也是周子反推而知，天下必然有厌恶动而追求静的弊端，所以在动静的交汇处，屡屡深切提出此种心性与外物本来是一体，不可分割的大一统观念。

李文炤在《近思录集解》中解释说：忘怒，是指忘掉其自私形成的血气之怒。观理之是非，是指怒这个情的发动是否适度，来反观自心。朱子讲：心性定，是存养的功夫到位，从而能得到性的本然。心性定，则动静如一而内外无间。天地之所以成为天地，圣人之所以成为圣人，就是因为他们的定。所以君子的学习，也是应该求定而已。由于廓然大公，所以仁才能成为体；物来而顺应，所以义才能成为用。仁立义行，那么就会心性定，而天下所有的动都是一个整体，也就是所谓的贞。故何必急于除去外在事物的诱惑，反而搞得杂乱之事往来不绝呢？然而常人之所以心性不定，也并非心性本来的样子。人只是由于自私的行为毁弃了仁，用自己的聪明伤害了义，所以情被遮蔽，故而杂乱之事往来不绝；又不知反观自心来去除遮蔽，反过头来又不想承认外在事物和自己的心性是一体的，而又要在无物的地方观照，想获得清净。在这种情况下，越见其用力，见其鉴察事理就越愚昧，杂乱之事往来不绝就会更加严重而不自知。艮其背，则是不自私；行无事，则是不使用自己的聪明。内外两忘，不是忘，一旦遵循理，那就既不是内，也不是外，没有内外之分了；没有了内外之分，那么就会大公而顺应，哪会有什么外物成为累赘呢？圣人的喜怒，大公而顺应，是天理之极。众人的喜怒，自私而用智，是人欲之盛。忘记怒则公，观察理则明，这两个乃反观自心而去除遮蔽的方法。横渠先生对道的理解，固然不应是后学所该议论的，然而仔细研究他的思想则知，其思想内容探究的多，而涵泳完养方面用的功少。程子根据这些方面来启发，意义非常深刻。又说：《定性书》讲不厌恶事物，也不追逐事物，对事物不拒绝也不随波逐流，那就没有不恰当的，是诚意正心以后的事情。

——根据《近思录》整理

为学（五）

勿轻易立言

伊川先生答朱长文书曰：圣贤之言，不得已也。盖有是言，则是理明；无是言，则天下之理有阙焉。如彼耒耜陶冶之器，一不制则生人之道有不足矣。圣贤之言虽欲已，得乎？然其包涵尽天下之理，亦甚约也。后之人始执卷，则以文章为先，平生所为，动多于圣人。然有之无所补，无之靡所阙，乃无用之赘言也。不止赘而已，既不得其要，则离真失正，反害于道必矣。来书所谓欲使后人见其不忘乎善，此乃世人之私心也。夫子“疾没世而名不称焉”者，疾没身无善可称云尔，非谓疾无名也。名者可以厉中人。君子所存，非所汲汲。

——传统意义上的为学方法

张伯行在《近思录集解》中解释说：朱长文写信给伊川先生说，想要通过文章的流传，让后人知道自己不会忘记善。而伊川先生告诫他说，务必从事真实的学问，不要白白浪费精力从事那些无益的虚辞文章，以避免由于喜好名声而产生过失。伊川先生说，君子为学，是为了明白天理，能将所明的天理用于自身，以达到学以致用的目的，而语言文字并不是主要的。自古圣贤也有垂世的语言文字，然而这都是他们有感于世道人心，不得已而为之的。大概圣人内心认为，有这样的语言文字就能阐发天理，那么天理的精微曲折之处就可以显明于天下，使天下人都能够有查考研究之处而尽其用。如果没有这样的语言文字，人身心固有的天理就不会被认识，日用应当遵行的道理就不会被知晓，那么天下之理必然有缺失而不能尽其用。譬如工具器皿，如农夫耕地用的耒耜、储存食物用的陶器，这些工具器皿都不能缺少，缺少了一件，那么人在饮食劳作等方面就必然有欠缺而不完备。像这样的圣人之言，如果圣人不想说，怎么行呢？然而如果圣人不得已说了，也必然是语言文字朴实无华，包含着天下的全部道理。而记载圣人语言的书籍也必然是非常简约，如圣人的经典、贤者的传记都是这样。圣贤可不是随便立言的。

后来的有些学习者不知求道，当他开始执卷读书时，便认为写作文章是头等大事，平生刻苦用功，风雨不废，寒暑不辍，所作的文章连篇累牍，数量动辄就多过圣人。然而取其书观之，不切于人心，不关于世道，这样的文章即使有，也对人无所补益；即使没有，对于用也没有什么缺失。只是烦人的耳目，越多越让人讨厌，不过是些无用的闲话，就像身上的赘疣而已。况且不只赘而且无用，其越繁杂就越泛滥，那么就会背离真正的心性，思想支脉就会越分歧，从而会失去事物正确的道理，反而有害于大道，这是必然的。学习者怎么可以不戒掉呢?

朱长文来信说，他写文章的目的，是想要后世之人能见到他没有忘记善。学习的本质是为自己而学的，不是为他人而学的；通过学习能修正自己、合于大道，这是学习的真正目的。而朱长文的文章使后世能见其不忘记善，是想让人通过他的文章了解其心意，想要后人知道他而称赞他，这是衰世的喜好名声的私心，由此产生的过失非常大。有人说，夫子尝言“君子疾没世而名不称焉”。名声原本就是君子所不在意的，孔夫子说，他所担心的是此身过世后，自己没有什么真正的德行可以被后世所称道，并非担心以后有没有名声。如果认为名声可以鼓舞人的为善之心，那么喜好名声就必然不足以成为君子。所以名声只可以鼓励中等资质的人为善。君子想要学习圣贤，内心所存的自然就有务实的功夫。如果是为了追求虚假的名声，并不是学习者所急于要做的。盖真实的德行如果成立，那么有德必有与之相应的语言文字，语言文字留存于世，那么名声也必然随之。那些想要通过文章留名于后世的人，难道不害怕浮华之词害于大道，会给后人留下模仿的样子，那又有什么名声可言呢？程子对于朱长文，真正是爱护之深，而言辞恳切。

——根据《近思录》整理

为学（六）

积忠信进德，言笃志居业

内积忠信，所以进德也；择言笃志，所以居业也。知至至之，致知也。求知所至而后至之，知之在先，故可与几，所谓“始条理者，知之事也”。知终终之，力行也。既知所终，则力进而终之，守之在后，故可与存义，所谓“终条理者，圣之事也”。此学之始终也。

——传统意义上的为学方法

张伯行在《近思录集解》中解释说：这是程子解释《易·乾卦》九三《文言》之辞。《文言》讲“忠信所以进德”，讲的是真实之心才是为学的基础，人能用自己全部的身心做到信而真实，那么又有什么德行立不起来呢？所以存在于心中的念头，必须没有一念不是真实的，使自己的内心全都充满真实之念，如此内心就会没有虚假、没有间断，从而使自己的德行每天都越来越高、越来越明，这就是进德的原因。另外又讲“修辞立其诚，所以居业”，说的是质朴本真而不加文饰之人，才能成为载道之器；人如果能恬淡沉静、敦厚笃实，那么有什么事不能接受呢？故而当遇事之时，内省而修正自己的言辞，选择能说的才说；使自己之志刚健笃实、辉光日新，由此则会不虚伪、不犹豫，从而学业也可以在内心存而不失，并能使内心安定从容。通过内外互相滋养，君子进德修辞之功，实在是非常之大。

德业必须通过知才能进入。这里讲“知至至之”，乃讲致知的事情。说的是想要去一个地方，必须知道沿途所要经过的地方，以及最终要到达的目的地，然后按照顺序，尽力完成。知，必然是在事情发生之前，志有定而心也有预见，所以可以预知事情即将发生时的微妙动态。比如孟子论述孔子，喜欢用“始条理”来比喻孔子之智，也是这个说法。

德业又必须亲身实践才能成就，这里讲“知终终之”，就是身体力行去实践的事。既然知道了我们最终要实现的目标，那么就必须全力以赴、勇往直前而谨慎守持地坚持到底。守的意思是，在目标明确以后，自然能使功夫有着落的地方，道理有归宿之地，“故可与存义”。就如孟子论述孔子，喜欢用“终条理”来比喻孔子的圣明，也是这个说法。

张绍价评注讲：忠信的思想行为之所以能够增进人的德行，是因为只要坚持忠信，并且每日都能进步，就必然会达到至善之地，也就是性理的究竟之处。知道了要到达的目的地，而仔细探索如何才能到达这个目的地，就是致知。等到对知彻底地明了了，就会将其中蕴藏的精微奥妙洞悉无遗，故在事情来临之际，在其发展之初，就会洞察其微妙的变化。孟子所谓的“始条理者，知之事也”，在颜子身上我们看到他博文的功夫。修辞立诚，是为了使德的事业存于内心而不遗失。德业存而不失，必然就能到达终点，这个终点就是至善的归宿处。知道终点而勤勉坚持到底，就是身体力行。这样牢固地坚守，那么理必然为我所有，不至于一会儿得一会儿失，故可以将性理存养在心中而不失。孟子所谓的“终条理者，圣之事也”，在颜子身上我们看到的就是约礼的功夫。

——根据《近思录》整理

为学（七）

主敬以直其内，守义以方其外

君子主敬以直其内，守义以方其外。敬立而内直，义形而外方。义形于外，非在外也。敬义既立，其德盛矣，不期大而大矣，德不孤也。无所用而不周，无所施而不利，孰为疑乎？

——传统意义上的为学方法

张伯行在《近思录集解》中解释说：人的内心不正直，是因为心中没有主宰。敬，就会使内心专一而有主宰，故君子内心将敬作为主宰，那么其内在就会正直。人的外在行为不方正，是因为他的内心没有守持的准则，义则是事物遵循的准则，所以君子守持义这个准则，那么其外在的行为就是方正的。内心以敬为主，就会将敬树立起来，敬立便能约束自己的内心，使之能合于中，用强健的力量来坚持敬，从而内心之志就会顺通，道理自然正直，于是就不会发生不正的过患。内心有准则，那么就会将义树立起来，义立，表现在事物之间，就会有整齐划一的规范，外在行为有准则，自然端方正直而不会有过分的行为。虽然义是表现在外的，然而表现于外的都是取决于内心的裁决，故这个义终究还不是在外。

敬义一旦树立起来了，互相扶持一同前往，那么其德就会越来越盛大，就如只见到其笃实辉光，不期望大而自然就会变大。等到内心正直、外在方正而又盛大，那么就会内外交相滋养，左右逢源，有道德的人便不会孤独。而将敬义之心散播推广，在人的行为中就没有不周遍而通达的，在人的事业中就没有不顺利的，那么还有谁会怀疑自己的行为遇到障碍呢？人能效法坤卦之六二爻，而能领会贯通，那么就会体立而用行。

张绍价评注讲：自己的内心不正直，要通过敬的方式，使内心充满敬，而使内心得以正直；自己外在的行为不方正，守持义这个事物的准则，而使外在的行为变得方正。内心正直，外在方正，并不意味着认可内心而否定外在。内心正直则会大公无私，外在方正则会物来顺应，那么自然地就会公心无处不在，外在的行为无不顺利。敬义树立起来，就不会怀疑自己的行为，那么怎会被外物所累呢？

李濯评注讲：怎样理解这个直呢？一个物体是方的形状时，从上到下是直的，从左到右是直的，从前到后也是直的，只有直才能构成方。直，这里指的只是一个正直。内指的是心，当内心无物时，我们只是看到有一个正直的心在那里。当用敬的态度对待内心时，就不会失去这个正直之心。所以在待人接物之时，为什么不用直来衡量一下呢？如果上面直而下面不直，则不能方，下面直而上面不直，也不能方，前后左右的道理是一样的，就比如能工巧匠，只使用一根绳子就能测量物体相似与否。如果人不收心，任其发展，就会允许自己内心不正，这样如何能衡量事物，使外在事物变得方正呢？敬义已经树立起来了，那么内心就不会不正直，外在的行为就不会不方正，无论怎样行事都是德，所以德不孤。

——根据《近思录》整理

为学（八）

无妄之义大

动以天为无妄，动以人欲则妄矣。无妄之义大矣哉！虽无邪心，苟不合正理，则妄也，乃邪心也。既已无妄，不宜有往，往则妄也。故《无妄》之《彖》曰：“其匪正有眚，不利有攸往。”

——传统意义上的为学方法

张伯行在《近思录集解》中解释说：动以天，那么这个天所发出来的则是纯粹的天心，所以无妄。如果动以人，就有了物欲，那么就是妄了。内在存得无妄之心，则会顺应着天理而动，如此就会无所不通。无妄卦所包含的意义岂不是很大吗？占曰元亨，实在不是欺骗的话。孟子云“大人者，不失其赤子之心”，正是将无妄视为可贵。

（上天的运动就是一种纯粹的生物之心的运动，也就是天心的运动。这个天心纯粹、纯净，所以可以用无妄来描述。如果是人的运动，则难免会有物的欲望，有物欲内心就不纯粹了，这个不纯粹的内心就是妄心。人的内心存有纯粹的无妄之心，就会自然遵循着天理的运动而运动，如此就会无所不通。由此可以得知，无妄所包含的意义是非常广大的。无妄卦里有“元亨”这两个元素，可见不是骗人的。孟子讲：和天地同体之人，就是大人，大人的内心就是一颗赤子之心，而赤子之心就是无妄的纯粹、纯净之心。）

人有无妄之心，虽然没有人欲之私，不是出自邪心，然而倘若没有精微的义理之学，那么其行为或许就不符合大中至正的天理，这也是妄，即邪心。况且心既已无妄，就应当保护好这个纯一之意，不得让它另有其他路而前往，前往他处则会背离真理而真成为妄了。所以《无妄·彖辞》里面讲，不正就会有过错，不利于前往。这都是警诫的语言。由此可见，为学虽然是以心怀坦诚为大，然而自己保持谨慎敬重的态度，对事物探究它的道理，才是功夫里面最重要的。

（人的内心没有丝毫妄念，属于那种没有私心的，可知他的内心不是邪的。然而这样的人，如果没有对精微义理的正确理解，那么他的行为难免就会不符合大中至正的天理，这样的话，此心也是妄心，即邪心。所以内心没有妄念，行为合于天理，才是正确的方法。内心已经没有妄念了，就应该好好保护这个纯粹的心意，不要让他错走了其他路。如果错走了其他路，只能是离真理越来越远了。而要保护好这个纯粹、纯一的心意，就要好好用功穷究义理，对义理的理解务必达到精微，使一切外在的行为都合于天理。所以说，为学虽然是以存诚为大，然而居敬穷理的功夫才是最重要的。）

——根据《近思录》整理

为学（九）

人之蕴畜，由学而大

人之蕴畜，由学而大，在多闻前古圣贤之言与行。考迹以观其用，察言以求其心，识而得之，以畜成其德。

——传统意义上的为学方法

张伯行在《近思录集解》中解释说：这是程子解释《易·大畜卦·象》之辞。凡是通过积蓄而变大的，没有比积蓄德更大的了，然而如果不是通过学问之道，就无法达到这么大之德。所以君子体悟《大畜》之《象》，认为学就在于多读诗书，了解古代圣贤的垂世之言，以及他们所从事的事业。这并非只是用作博览，而是想要通过考察他们的事迹，以观察他们是如何利用所学的；考察他们立言的宗旨，而求得和他们心理的一致。

默默记住、细细品味，使之普遍融汇于心，这样自然会扩充积累得极其丰盛，融化得非常彻底，贯通于内心，而积蓄成德。就如乾之刚健、艮之笃实，辉光越来越崇高隆盛而不自知。君子积蓄之德是何其大啊！

（大畜卦是《周易》第二十六卦，卦画是下乾上艮，乾为天，艮为山。大畜卦的《象传》说："天在山中，大畜。君子以多识前言往行，以蓄其德。"乾为天，有刚健、自强不息的意思；艮为山，代表德的大。通过自强不息的精神，奋发努力不断学习前古圣人的言行，融会贯通转化成自己之德，积累到一定程度，此德就会如山一般大。世间万事万物通过积蓄变大的，没有哪样能超过对德的积蓄。然而积蓄德使之变大，也只有通过学问之道，而学问之道就是对古代圣贤的言行进行全面的学习。所以君子根据大畜卦的《象传》体悟到，学习就在于多读诗书，在诗书中探寻古代圣贤的事迹和言行。找到这些事迹和言行后，不能只是粗略地浏览，增长点知识，而是要通过考察他们的事迹，发现他们是如何利用所学的义理去达到有所成就；仔细研究他们的立言思想，力求达到和他们的思想一致。然后将这些默默熟记于心中，细细品味，将这些精神思想全都融汇于心，如此，通过不断的学习，这些精神、思想就会积累得极其丰盛，并且在内心融会贯通得非常彻底，这样就积累成德了。就如乾的刚健、艮的笃实，刚健笃实的人，积蓄不已，乃至光辉焕发，就会日日增新自身的美德，辉光越来越崇高隆盛而不自知。君子积蓄之德，这样的行为是何其伟大啊！）

——根据《近思录》整理

为学（十）

感之道无所不通

《咸》之《象》曰：君子以虚受人。《传》曰：中无私主，则无感不通。以量而容之，择合而受之，非圣人有感必通之道也。其九四曰：贞吉，悔亡。憧憧往来，朋从尔思。《传》曰：感者，人之动也，故《咸》皆就人身取象。四当心位而不言“咸其心”，感乃心也。感之道无所不通，有所私系则害于感通，所谓悔也。圣人感天下之心，如寒暑、往来、雨旸，无不通、无不应者，亦贞而已矣。贞者，虚中无我之谓也。若往来憧憧然，用其私心以感物，则思之所及者有能感而动，所不及者不能感也。以有系之私心，既主于一隅一事，岂能廓然无所不通乎？

——传统意义上的为学方法

张伯行在《近思录集解》中解释说：咸卦的构成，是上兑卦下艮卦，兑是泽，艮是山，代表的象就是山上有泽。为什么山上有泽呢？因为其中虚，所以山与泽之间气是相通的，故有此象。君子根据这种现象，认为务必使自己的内心不执着、不存留哪怕是一点点的东西，做到心中虚而净，那么自然就会有大公无我的心境，这样接收到他人的所感也就没有不通的道理。伊川先生解释《易传》说："凡是人的内心被某事所主导，那么此心就会被某事所占据，内心就是实的；内心没有被事所主导，内心就不会存事，所以就是虚的。但是这些还不能代表内心与外在的感通之妙。唯有圣人心中无私，内心事来则实，事去则虚。纯是一片大公无私的天理公心，而不是在内心预先存留某种想法。"如果是这样，那么就会人感我应，我感人信，无感而不通。如果内心不能忘记私意，那么内心和外界的相互感应，就会根据自己的私意制定一个量的标准，依据事情的内容而容纳，这样恐怕也是貌合心不合，或者是选择接受那些合得来的、和自己志趣相投的，而放弃那些合不来的、志趣不相投的。这些都不是圣人大公无我、有感必通之道。圣人则是无所不感、无所不通的，就如山上之有泽。

（天下的道理，本来就有自然感应，唯有通过至诚的心才可以征服万物。《系辞》讲"寂然不动，感而遂通"，天下就是这样。倘若我没有感人的诚心，反而希望别人来回应我，必然导致违背天道获得名声，用小的声闻惊动大众的弊端。所以治理国家的要点，就在于用踏踏实实的心，去做踏踏实实的政事，而不是只去做获得仁心仁闻的虚名；学习的要点是用真实的学问去激励自己真实的行为，而不可去做超出实际情况的虚誉。君子之志，通于天下，必有所感，那么其精神往来，彼此交通，就会毫无间隔，所以感必然就会亨通。然而所谓感，又必然是自然而然，一定是出自天命人心之正，不掺杂私爱，不被情欲所奴役，所以正则利。内心正则所感无不通，就如往来不断的样子，如果用私心来感物，那么思虑到的能感而动，思虑不到的就不能感。属于自己朋类的，就会跟从自己的所思，所以只要有私心，就会执着于一个地方或一件事，这样岂能廓然无所不通呢？）

感应的通道，必须是无所不通，才能见到感之广大。稍有私意，就会偏向杂乱，使感通之正理受到伤害，所以就会产生后悔的事情，故要通过内心的正来戒除。圣人之心至公至正，以此心感天下，就如天地寒暑之气、雨旸之泽，无不是通于万物，而万物也无不化其气，万物对圣人之心的感应，也只不过是圣人之心的正直而已。正，就是内心无私的纯然天理，也就是所谓的普及万物而无心也。

感必然是以内心的纯正来感。万物和我之间，感通本来就是往来不断、牵缠不绝的，如果用私心来感物，那么自己的心意所思所能触及的物，或许会被其感而动；心意所思所不能触及的物，则不能感之使动。盖以有所执着的私心，在我来讲已经偏离中心而不和谐了，那么就会执着狭隘的一地，或者是一件小事，这样岂能做到内心廓然洞达，物来顺应而使人信服，内心虚净而能接受，从而无所不通呢？

张习孔评注讲：虚，是心之本体的本来状态，原本就与人物感通无间，君子之心就是一个完整的虚心，所以能接受人之感。舜帝不同于野人，孔子平日绝无四种心：一无臆测心，二无期必心，三无固执心，四无自我心。这些都是虚心。所以那些沛若江河的近言善行、孺歌鄙问，无不立即领悟。要知道，感通之道最微妙而难以辨知。心是最真实的而不能说有心，意是最真挚的而不可说有意，比如父母去世时自己的号泣、良臣的冒死谏言，无不是天性的勃发，而绝对没有私心的安排揣度。然而说其一味无心，又不行。舜帝又何日不思要得到得力的助手？三仁（箕子、微子、比干均为殷末忠良，被孔子赞为“三仁”）又何日不思得到明君呢？然而这些与世俗的刚愎傲慢之臣，又自有不同之处。这是“贞吉”与“憧憧”的分辨。“朋从尔思”，不但不能感得很远，由于私心原因的感，其思被凝滞纠缠，那么憧憧就会更加严重了。

——根据《近思录》整理

为学（十二）

君子之遇艰阻，必自省于身

君子之遇艰阻，必自省于身，有失而致之乎？有所未善则改之，无歉于心则加勉，乃自修其德也。

——传统意义上的为学方法

张伯行在《近思录集解》中解释说：这是程子解释《易・蹇卦・象辞》的话。蹇卦的象，是内艮外坎，代表的是山上有水这种现象，意思是遇到险阻应当停止不进。君子体悟蹇卦的这种遇险而止，难道仅仅是停止而已吗？遇到险阻，必须向内自省其身，想一想自己，内心所存、外在行事或许有失当的地方，从而遇到这样的险阻。如果是有失当之处，是我本身的原因，和逆境有什么关系？那么就应当迅速改正这些失当的地方。如果没有失当之处，那么我就会无歉于心，又有什么困厄不能面对呢？于是应当更加勉励自己，而使自己不产生过失。这乃自己修自己的身心之德。如果能这样做，则是排除险阻的好方法，也是渡过险阻的重要途径。

张绍价评注讲：君子固然是无感不通，如果遇到艰难困阻，则必须要反躬自省，有则改之，无则加勉。通过内心对敬和义的共同持有，自修其德。

——根据《近思录》整理

为学（十二）

明以动，故丰

非明则动无所之，非动则明无所用。

——传统意义上的为学方法

叶采在《近思录集解》中解释说：这是《丰卦》初九《传》。知和行两者都需要，不可以偏废。对事物不明了，又怎么指挥行动呢？比如目盲之人，想要行动却看不见道路。如果行动不方便，那么即使看得清楚也没有用，比如足瘘之人，虽然能够看得见，但是行动起来不方便。

张伯行在《近思录集解》中解释说：这是知、行共同前进的方法。行动是以明了为先决条件的，明了又是以行动为依据的。如果此心不明了，早就知道事物的规律，所以能够遵循它的规律去行动，那么此身的行动也就不知道去往哪里。如果此身没有行动，去体悟那当然的准则，虽然知道这样做的道理，但此理也终将没有安顿之处，那么此心的明了也没有什么用处。明了和行动相互配合，德业自然就能渐渐成为盛大之体，这也是《丰卦·彖辞》“明以动，故丰”的意思。

——根据《近思录》整理

为学（十三）

学而时习之

习，重习也。时复思绎，浃洽于中，则说也。以善及人，而信从者众，可乐也。虽乐于及人，不见是而无闷，乃所谓君子。

——传统意义上的为学方法

李文炤在《近思录集解》中解释说：说，指的是喜悦。朱子讲：学后再去复习，复习后就会有喜悦。这就是说，通过学习能够产生喜悦，是脉络贯通的结果，也就是所谓的心中融洽。就如将物长久地浸泡于水中，此物就会完全湿透一般。

张伯行在《近思录集解》中说：这是程子解释《论语》第一章里面的话。学而后去复习，就是重复而习熟的意思。经常复习为何能产生喜悦呢？那就是经常详细地重复思维整理，使学习到的义理融会贯通于内心，如此则会喜悦。为何说有朋友来而欢乐呢？盖我通过学习而获得了善，便可以将此善推广普及给别人，使他们都获得此善。于是共同获得此善的人都会非常高兴地信从于我，那么每天讲习时就会有很多人意气相投，所以非常高兴。然而又说“人不知而不愠，不亦君子”，这是为何呢？虽然乐于普及于人，然而和我志趣相同的则知我，和我志趣不同的则未必知我；不知我则难免会毁谤，而我则恬然处之，绝不会生起怒气。这就是《易》所说的“不见是而无闷”，这样做就是所谓的成德君子。然孔夫子所说，学习是为了成就自己，而成就自己即可以成就万物，虽然成就了万物，而这颗学习的心，依然是为了成就自己。

——根据《近思录》整理

为学（十四）

古之学者为己

古之学者为己，欲得之于己也；今之学者为人，欲见知于人也。

——传统意义上的为学方法

叶采在《近思录集解》中解释说：这些学说来自《论语》。为己，就是为了自己，比如食之求饱、衣之求温，获得温饱都是为了自己，不是为了别人。为人，指的是做给别人看，这种人只求外在的美观，而不关心对我实用与否。

所以为了自己而学，所得到的都是自己真实的所得；所学是做给别人看的，即使有善的行为，也不一定是自己的诚心，何况一心只是想着装扮外表，自己做欺骗狂妄的行为，那么只会出现善德每日消减而恶行却每日增长的现象。

张伯行在《近思录集解》中解释说：学习是为了明白事理，不是用来博取虚名的。古代的学习者，对义理的探索求知，身体力行，都视为自己的分内之事，所以就能真正学有所得。在学习过程中，古人也不过是尽心去学，只是想要得到真实之理，其他的都不去考虑。现今的学习者，读书谈道都只是为了门面的好看，有了一点学识，不过是为了让别人称赞自己而已，对于真实之理，都可以不去过问，这种行为，只是想要别人知道自己，以获得虚名罢了。程子解释《论语》中的“为己”“为人”的意思就是如此，学习者不可不知哪个重要。

——根据《近思录》整理

为学（十五）

求入其门，不由于经乎

伊川先生谓方道辅曰：圣人之道，坦如大路，学者病不得其门耳。得其门，无远之不到也。求入其门，不由于经乎？今之治经者亦众矣，然而买椟还珠之蔽，人人皆是。经所以载道也，诵其言辞，解其训诂，而不及道，乃无用之糟粕耳。觊足下由经以求道，勉之又勉，异日见卓尔有立于前，后不知手之舞、足之蹈，不加勉而不能自止矣。

——传统意义上的为学方法

张伯行在《近思录集解》中解释说：这是程子想要方道辅穷究经典以求道。方道辅，名寀，是程子的学生。此言讲的是通过学习经典来求道。道就是圣人行道的方法。圣人行道的方法，平易正直，平坦如大路，学习者想要走这条道，却不知这条路如何去走，不得其门而入。如果能得到其门而进入，遵循学习的顺序，在这个学习过程中没有止息，那么，再远的地方都能够到达。现在圣人之道虽然见不到，然而圣人传道的文字是可以读到的。“六经”里面所记载的就是圣人传道的方法。想要进入大道之门，如果不通过“六经”，怎么可能到达呢？看看现今的为学，自己号称研究经典的不乏其人，然而却得不到要领。譬如买宝珠的人，只是空买了一个藏珠的匣子，至于里面的珠子则不知道收起，而弃还给了别人。这种愚蠢的行为人人都这样，岂不是大笑话吗？难道不曾想想，经是承载大道的，如果只是诵读言辞帮助自己记忆，理解其注解以便于传说，却不能融汇其思想，以求得圣人之道，那么虽然圣人遗留的文字尚在，然而却是无用之词，就如酿制的美酒不在了，只是留下了糟粕而已，那么怎么能够在饮食上得到利益呢？这是研究经典的人应当引以为戒的。

薛瑄评注讲：千古以来的圣贤，他们的垂训光明闪耀，这些垂训，只是想要世人读其书、行其道而已。倘若只是将他们遗留的经典当作口耳文辞之用，而不是行其道，就是所谓的“买椟还珠”，所以不可不引以为戒！

张伯行评注讲：现今世间的学者，研究经之名，却没有研究经之实，虽然称为研究经，其实与荒废经又有何异？故希望方道辅通过经以求道，应该在经中有所得。勤勉不已，长久浸润在经中，那么就一定能悟出经中的宗旨，假以时日，就会亲见圣人之道卓然立于眼前而不可移动，然后欢欣向往倾慕之情就会油然而生，不自觉地就会高兴得手舞足蹈。此时不必刻意地勉励自己，也会产生不能自止的兴趣。自己也将会用旺盛的精力去行圣人之道，而且还有余力。程子鞭策方道辅就是这样，这是经学最重要的方法。

张绍价评注讲：圣人之道全部记载于经中，平坦如大路。知行敬义，都是入道之门，只是人们有病不去求医而已。买椟还珠，这是为了装点门面的为人之学，所以经就成了无用的糟粕。通过经来求道，是真实的为己之学，所以再远的地方都可以到达。知行并进，敬义夹持，不停地勉励自己，圣人之道就会卓然立于眼前。圣人之道，通过学习可以达到，也只是通过经而已。

——根据《近思录》整理

为学（十六）

修辞立其诚

明道先生曰“修辞立其诚”，不可不仔细理会。言能修省言辞，便是要立诚。若只是修饰言辞为心，只是为伪也。若修其言辞，正为立己之诚意，乃是体当自家敬以直内、义以方外之实事。道之浩浩，何处下手？惟立诚才有可居之处，有可居之处则可以修业也。“终日乾乾”，大小大事，却只是“忠信所以进德”为实下手处，“修辞立其诚”为实修业处。

——传统意义上的为学方法

张伯行在《近思录集解》中解释说：体当，体认使之贴合。修治省察自己的言辞，正是为了建立自己的诚意。将日用间凡是想要说的话，斟酌后再说，唯恐心里所想和口中所说相违，内外不能如一。这乃体当自己，平日里主敬守义，没有一个念头不真实，没有一件事情没有原则的功夫。有这样的实事而能一丝不苟，则此中的言辞不期望省察而自然省察，而当对自己的言辞自省时，便是诚意建立之时。

君子之所以从事于身心内外，无非是想要求道。道的全体，精深广大，浩浩然，如此盛大流行的道，要在何处下手用功呢？唯有在诚这个真实的理上，那么我的心也必须积累这个真实的诚意，才能建立根基而成为可居之处。既然有了可居的根基，渐渐积累此诚意，再推而广之，即使再富有的大事业也不过就是这样，所以可以修业。

通过《乾》九三爻来看，君子终日乾乾，是什么原因这么忙碌呢？因为不论多么重要的事，别无他法，君子只是要在内心存一点尽心诚信的真实之意。以每日增进自己的德行作为功夫的下手处，在外通过修治省察自己的言辞来建立此心的诚意，从而作为修业的要紧处。盖忠信在内心积累，那么将会无念不实；修治省察自己的言辞，做到了说出的话非常严谨，那么则无言不实。内外交养，只是养得了一个诚。天下只有老实、踏实之心才可以成为载道之器。进德修业的君子，不得不在这里用功啊！

张伯行评注讲：这是程子因为《易》中有“修辞立诚”这句话，恐怕世人误认为是修饰言辞之意，所以才深切地指出。《易》中的“修辞立其诚”，最是踏踏实实的功夫，不可不仔细理解其立言的本意。盖《易》之所言，乃告诉世人，修省在外的言辞，就是为了建立心中的诚意。但凡多言而浮躁，就是因为心中缺少诚意。如果念念诚实，哪里会有这么多闲言碎语呢？如果错误地认为“修”字就是修饰之义，只是以修饰言辞为心，以此为心，即当内心修饰之时，已经是为伪了，心中有伪，那么在何处建立诚呢？学习者不可不努力自省。

——根据《近思录》整理

为学（十七）

若迫切不中理，则反为不诚

伊川先生曰：志道恳切，固是诚意；若迫切不中理，则反为不诚。盖实理中自有缓急，不容如是之迫，观天地之化乃可知。

——传统意义上的为学方法

张伯行在《近思录集解》中解释说：这是程子想要学习者明白，要用宽舒的心态来体悟道。讲的是，人对于道原本应该是一心一意的，如果能用勤恳切实之心来求道，这样不就体现了一种为学的诚意吗？然而如果忙迫急切，内心没有宽舒之气，那么做事就会匆忙而无序，不合乎道理的次第。这种想要快速成就之心就是自私的心意，而不是诚了。盖真实之理中自有缓急相兼的妙用，比如健顺动静，都是各自轮流成为终始，所以人虽然是以真实之心向往圣人之道，但是也必须从容求索，深入体会，优游涵泳其中，以尽其自然之妙，如果内心急迫，反而有害。为什么不观察一下天地呢？天地寒暑昼夜的变化，也是潜移默运的，未尝不是按一定规律循序渐进的。这样来看，就可知为学的方法了。

茅星来评注讲：缓急，犹如讲先后次序。朱子讲：通过读书来穷究义理，则应该将课程安排得紧密一些；在读书过程中，内心能忍耐住烦恼的事情，而踏踏实实地学习，不追求快速理解。对心志的存守，则随时随处省察收敛，而不计较急功近利。如此，日积月累，或许心意渐渐得以驯服，内心的根本就会得以确立，从而就具有了建德立业的根据地。

——根据《近思录》整理

为学（十八）

学者当学颜子

孟子才高，学之无可依据。学者当学颜子，入圣人为近，有用力处。又曰：学者要学得不错，须是学颜子。

——传统意义上的为学方法

张伯行在《近思录集解》中解释说：这是程子教育人怎样学习圣贤。学习的标准，是以圣人为归。希望成为圣人，必须从希望成为贤人开始，然而学习贤人，又必须从他们的天资来看他们的功夫，所以不可不知如何抉择，以作为效法的依据。比如孟子、颜子，都是大贤。孟子才气高迈，凡立论行事都能看到他见识的高远，比如讲不动心，讲仁义，以及辨异端、明王道之类，都是磊磊落落、光明正大，然而扎实的功夫却很少提及。学习者想要学习孟子，一时也找不到下手处，必然就没有了可依据的地方。颜子则是从“博文约礼”上下功夫，随时抉择、随时持守，在实际生活中磨炼，学习者通过这种方法进入圣人之道，那么途径就比较近。我们看圣人平日里为学论仁，都是从日常生活做起，就是圣人自己也说“下学上达”（“下学”指的是平时谦虚好学以求达人道；“上达”指的是由人道而知天道，由天道再明白天命，渐渐通达天人之学）。那么颜子所从事的功夫与圣人大体相似，而遵循这种功夫，学习者也不用担心无下手之处了。

自古以来，学习者什么人都可以学。然而学习气象广大的人，恐怕有太过豪放的过失；学习墨守成规的人，恐怕有过于狭隘的过失。学习而不会有过失的，必须是学颜子。盖颜子天性纯粹，他看的道路基本不差，而他的心性气质沉稳，进入学习的道路后，又能切实地实行，极正大、极细密。人如果按照颜子的方法做功夫，哪里会走错呢?

谢上蔡讲：颜子的功夫，真正是百世的轨范，舍弃了颜子，应没有了合适的道路，没有了安放学问之地，所以学习者须是学习颜子。

——*根据《近思录》整理*

为学（十九）

勿被琐事困扰

明道先生曰：且省外事，但明乎善，惟进诚心，其文章虽不中，不远矣。所守不约，泛滥无功。

——传统意义上的为学方法

张伯行在《近思录集解》中解释说：这是明道先生教人要重视内在之学。凡世间事，虽然什么都应该学，然而毕竟心性方面的知识和功夫才是大事，学习者用功，不如省去外面繁文缛节之事，只是专心去明了内心的知，以明白我心本然之善。等到善明了了，则真、妄就会自然分明，那么就务必增进此心之诚，让内心存在的全是无妄的真理。如此就会知至意诚心得，有日新之乐。等到此诚充实积累得极盛，自然能适当地发出而使人见到。凡是见到的威仪，或者发出的文章，即使有一点不合乎道理，然而也相差不远。不然的话，只是满足于习自己的文章，而没有明善诚身的功夫，那么自己所守持的不真实便没有了约束，就会弛心于外在之事，必然疏于自我管理，所以见到的只是泛滥，失掉了诚这个依据，最终还是无功而返。学习者不可不引以为戒。

——根据《近思录》整理

为学（二十）

只要义理栽培

学者识得仁体，实有诸己，只要义理栽培。如求经义，皆栽培之意。

——传统意义上的为学方法

叶采在《近思录集解》中解释说：仁，是天地的生生不息之理，是人内心的全部之德。仁之体就存在于人的内心，本来就是人心所固有的，然而必须向内心反观自己，观察得精细，养育得深厚，如此才能见到仁的全体，这实际上就是自己所本有的，那么由此可知，我心所存的无不是天理。而后，广博求取义理来培养，那么生生之理将会日渐充盈，而仁之用也将不可胜数。

张伯行在《近思录集解》中解释说：这是程子教人居仁之学。为学的功夫，最急切的就是求仁。盖仁乃天地的生物之心，而人得到此仁心，就会成为自己生的力量，这就是所说的，理是以万物为体而不曾遗漏一个，以万事为体而又无处不在，理至公至纯、至大至密，最难以辨识。学习者认可这个道理，全然明了，有得于心，方是自己真正地拥有，内心的私欲就会全部消除，那么天理流行，去往何处而不通呢？如此一来，根基已牢，只要把事物上所得之义理，时时来栽培，使此理充盈坚固，即通过经而穷究其义。这样做无非是要栽培此理的意思，那么这个意思就非常明显了。仁道的广大，学习者不可不求，而求到后，又不可以不养。

茅星来评注讲：至公无私称为仁，而仁之体则是天地万物，周流无间。学习者在此能认得清楚，对于天理的流行充塞不会有一点欠缺，自然在心目之间就非常清楚明了。又必须经常操存省察，使内心所存所发都能够尽到天理的真实，而没有一丝一毫人欲的虚伪掺杂其间，那么这个理乃真正属于自己，而不是凭空想象或者是预料的虚见。义理栽培，也就是通过物来穷究其理，随事而处一定要合乎义，那么知则会越来越明，处事则会越来越当，而我心固有的仁，则会日日增长而不可胜用。

——根据《近思录》整理

为学（二十一）

颜子、仲尼所乐何事

昔受学于周茂叔，每令寻颜子、仲尼乐处，所乐何事。

——传统意义上的为学方法

杨伯喦在《泳斋近思录衍注》中记载了伊川先生与学生的对话。学生问："颜子是由于什么，内心一直喜乐呢？"有人说："是喜欢道的原因。"伊川先生讲："如果说颜子喜欢道，则是辜负了颜子。"邹志完讲："我虽然和颜子未曾见过面，但是已深知先生的心，先生内心所达到的境地是多么深厚啊！”周宪问：“颜子所乐原因并不是喜欢道，那究竟是什么原因让先生喜乐呢？”先生讲：“心上不能留存一丝一毫之事，如果有心去乐道，那么心就有了依附。功名富贵，固然不是让自己喜乐的原因；道德性命，也不是让自己喜乐的原因。庄子曾经说‘至乐无乐’。”学生问：“孔夫子为何讲‘不改其乐’？”先生回答说：“是根据他人不堪其忧而言的，所以说‘不改其乐’。”伯嵒讲：“吃粗茶淡饭，弯曲胳膊做枕头，乐就在其中。孔夫子为何事而乐呢？发愤忘食，乐以忘忧，不知老之将至，孔夫子的乐就是这样。一箪食，一瓢饮，人不堪其忧，回不改其乐。颜子为什么而乐呢？就是博我以文，约我以礼，欲罢不能（广博地研习典籍，并依礼来约束自己的行为，而不能停止）。颜子的乐就是这样。”

张伯行在《近思录集解》中解释说：周敦颐（濂溪先生）善于造就人才，所以常常使学习者辨认获取孔子、颜子所谓的乐，所乐的是何事？思维后而得之，便能自然见道。程子得到后，知道这是濂溪先生引导后学的微妙之处，所以追加阐述，想要使人共同领会此中的意思。盖仲尼、颜子之乐，乃人欲净尽之后，天理在内心的流行，身心所遭遇的，随处会洞达，所以能洒落无碍。这一段的意趣，凭空想象不得，执着不得，必须功夫到时，才会泰然自得，方能领会其大意。所以朱子教诲人要博文约礼，以至于欲罢不能而用尽自己的才华，则大概可以得之。我认为，在境与道上寻找，不如在孔、颜身上寻找，

在孔、颜身上寻找，又不如在自己身上寻找。寻找也不是空寻，必须见到有真实之乐才可。

——根据《近思录》整理

为学（二十二）

量力而行

所见所期，不可不远且大，然行之亦须量力有渐。志大心劳，力小任重，恐终败事。

——传统意义上的为学方法

叶采在《近思录集解》中解释说：朱子讲，学习者的志向和见识，固然不可以不远大。然倘若只是喜欢高而忽视了近，爱慕大而忽略了细，那么就没有了目标逐渐由小到大的真实经历，而徒有凭空想象和抬脚眺望这种使自己的心劳苦的情况出现，所以最终不能达到目标。

张伯行在《近思录集解》中解释说：对学习者的见识，总是害怕他们智不周全，而仅仅明白小的方面；对学习者所期望的，也是担心他们只是安于近的目标，导致志趣不广大。然而在实现目标的过程中，也必须考虑自己的才力能否胜任，以及能否循序渐进。如果不能量力而行，不是循序渐进，那么树立的志向虽大，却不能如其所愿，也只是白白地劳苦其心而已。自己的力量小，却妄受艰巨的任务，虽然不至于有多少困顿和坠落，然而最终见到的还是事情的失败。所以明道先生郑重地引以为戒，是想要学习者随自己的才力而尽力，循序渐进，不要好高骛远。

李文炤在《近思录集解》中解释说：朱子讲，学习者的志向，固然不可不以远大作为自己的目标。然而我们观察圣人的教育方式，发现是非常有次序的。圣人只不过使人在身边最小最近的事物之中去广博地学习，以此作为讲学的开端；用礼义来约束自己，作为真实的实践，使人能够得寸则守其寸，得尺则守其尺。如此，时间一久，日增月益，然后道的全体才能有所望见，而逐渐可以认识，有所遵循，而逐渐可以实现，从此以后，只是埋头前进，孜孜以求，死而后已。而其所达到的造诣之深浅、成就之广狭，也并非可以事先预料的。盖在这里如果小有差错，那么心就会有失其正；虽然有仰高钻坚的志向，却反而成为谋利计功之私。

张绍价评注讲：士人不可以不抱负远大、意志坚强。像伊尹一样立志，像颜子一样学习，自己树立远大的目标，这是抱负远大。然而人的天资不同，只有根据自己的才力所能达到的程度，循序渐进，才能有得。志大心劳，力小任重，抱负远大而意志不坚定，事情最终是要失败的。

——根据《近思录》整理

为学（二十三）

相观而善

朋友讲习，更莫如相观而善功夫多。

——传统意义上的为学方法

叶采在《近思录集解》中解释说：朋友相处，并非只有在一起讲辨学问才有益处；相互之间熏陶，逐渐感染，在观感之间有得，自然会受益良多。

张伯行在《近思录集解》中解释说：这是希望交朋友的人知道如何在朋

友那里学习并有收获。人有朋友，总能在朋友那里学到有益的东西，故《易》曰“君子以朋友讲习”，这是达到知的事情，《礼》曰“相观而善之谓摩”，这乃身体力行的事，这两样都能使人受益。然而朋友之间讲习讨论辨其义理，这样的功夫获得的益处相对要少，更莫如相互感化，能使自己的身心获得的益处更多。

张绍价在《近思录解义》中解释说：好的朋友能够起到辅助自己仁心的作用，通过言语获益浅，无言的感化获益最深。相互之间逐渐地交往熏陶，可以涵养德行，变化气质，所以相观而善，获益良多。

——根据《近思录》整理

为学（二十四）

要开阔其心

须是大其心使开阔。譬如为九层之台，须大做脚须得。

——传统意义上的为学方法

张伯行在《近思录集解》中解释说：学习者的志向不大，即使给他讲圣贤之学，他也只是推诿而不敢从事；即使给他讲心性方面的学问，他也只是慢怠而不会尽力去实践。所以必须使他的心胸放大，让他的根基开阔，方能承载任重道远的大道，即曾子所谓的“弘”。譬如人们想要修建九层的高台，那么其基址必须要开阔，四角要做得大。不然的话，是无法承载上面积累的力量的，即使是再如何努力地建造，其高度也是有限的。有志向成为圣贤者，一定要开阔心胸，使自己内心的规模变得广大，以成为将来进德修业的根据地。

朱熹先生讲：心只要放宽平就会变大，不要先有私意的隔碍就会变大。心大则自然不急迫。即使祸患到来，也不会惊恐。即使有所收获，也不会沾沾自喜。因为在很短的时间内，即有可能祸转变为福、福转变为祸的。

——根据《近思录》整理

为学（二十五）

圣贤豪杰需要磨炼

明道先生曰：自“舜发于畎亩之中”至“百里奚举于市”，若要熟，也须从这里过。

——传统意义上的为学方法

张伯行在《近思录集解》中解释说：人生境遇的阅历，都能成为锻炼自己身心的资本，而处于困苦之中，则淬砺得也更深。盖操心事务、忧虑祸患，根据时机观察变化，动心忍性增益其所不能等，这些都要经历过才行，自古以来圣贤豪杰大多是从这些困难之中磨炼出来的。所以孟子所序“舜发于畎亩”一节，都是指练成圣贤的地方。学习者如果要身心道理烂熟，也必须经历这些才行。盖大体上要锻炼一遭，性情方能处处有个下落。

朱熹先生讲：人必须从贫困艰苦中经历过，身心道理方才坚牢。如果不经历这些，就不知所以坚牢的原因。好似一条道路，只有每日都从上面往来走得熟了，才会认得哪些地方是险阻之处。如果平时不会走，忽然有一日莽撞地走在这条路上，一会儿工夫定会堕落到坑堑里面去。

——根据《近思录》整理

【备注】

舜从田野耕作之中被起用，傅说从筑墙的劳作之中被起用，胶鬲从贩鱼卖盐中被起用，管夷吾被从狱官手里救出来并受到任用，孙叔敖从海滨隐居的地方被起用，百里奚被从奴隶集市里赎买回来并被起用。

所以上天要把重任降临在某人的身上，必定要先使他的内心痛苦，使他的筋骨劳累，使他经受饥饿之苦，以致肌肤消瘦，使他受贫困之苦，扰乱其人业已开始的行动，这样来使他的心灵受到震撼，使他的性情坚忍起来，增加他所不具备的能力。

人常常犯错，然后才能改正；内心忧困，思想阻塞，然后才能奋起；心绪显露在脸色上，表达在声音中，然后才能被人了解。一个国家，在内如果没有坚守法度的大臣和能够辅佐君王的贤士，在外没有与之匹敌的邻国和来自外国的祸患，就常常会有覆灭的危险。

这样，就知道忧愁祸害足以使人生存、安逸享乐足以使人灭亡的道理了。

为学（二十六）

笃实的志气，才是肩负大道最为有力的

参也，竟以鲁得之。

——传统意义上的为学方法

张伯行在《近思录集解》中解释说：有些学者喜好才华，他们大多数认为一个人的高明乃造道的资本，却不知唯有笃实的志气才是肩负大道最为有

力的。比如圣门的曾子。省察自身常常认为做得太少，也从来没有流露过才华，夫子用“鲁”来称呼他。然而等他真正积蓄得足够多，圣人最终将一以贯之的大道传授给了他。自此以后，传承孔子之道以延续其宗法的唯有曾子，而且其流传最为长久，故曰“竟以鲁得之”。

朱熹先生讲：曾子鲁钝，对所学理解起来很难，可是对难以理解的问题他却不肯放过，一直等到完全透彻了才会停止。他不像别人那样，只是略微得到些高明的见解就停止了。现今聪敏的人学起来容易，但是不能坚守；迟钝的人略微通晓一点，就会说道理止于此，更不会去深求。唯有曾子不肯放弃、舍掉，如果这件事没有理解透，就会一直把它吃透，所以竟然能得到真正的道统。

——根据《近思录》整理

为学（二十七）

记诵博识为玩物丧志

明道先生以记诵博识为玩物丧志。

——传统意义上的为学方法

张习孔在《近思录传》中解释说：不记诵，则不能博识；不博识，则无法担当天下之事；不能担当天下之事，则无法说具有圣贤行义达道的志向。明道先生此言，说的只是那些只知道记诵、博识的人。有志成为圣贤的人，他们记诵时，所想的只是为了大道，从开始就不是为了博识而记诵的。不想成为圣贤的人，只希望成为写作文章的人，这是明道先生所讥讽的。有人说：伏羲、神农、稷、契，他们所读何书？先生说：他们都是大圣人，其语言就是经，后人怎么可以用这种借口而荒废所学呢？孔子曾经说自己好古敏求，这应该是圣人之学是为了自己，而后人之学是为了他人吧。不能通过诵读而见道，因为这就是所谓的“玩物丧志”。

陈埴评注讲：仅仅记诵、博识，而道理、学问不明了，不将它们融会贯通，这种行为就是追逐小的方面，而忘记了大的方面。反而是用无用之物牵累了自己的空明之心，所以这是玩物丧志。

——根据《近思录》整理

为学（二十八）

使用礼乐的力行和收敛，人就会常常庄重恭敬

礼乐只在进反之间，便得性情之正。

——传统意义上的为学方法

张伯行在《近思录集解》中解释说：程颐先生指明，礼乐的妙用就是在于使人适时地努力前行或者刻意退敛。他又指出，无须他求，使用礼乐就可以陶冶人的性情。《礼记》里面记载“礼减而进，以进为文”，根据这句话

来思考，可以理解为谦虚退让是礼的本体，这或许不是人们所乐意的，所以必须往前努力去做，才符合礼的思想。《礼记》里面又记载说“乐盈而反，以反为文”，根据这句话来思考，是说畅快满足是乐的本体，但是容易使人流于放荡，所以必须向里收敛，方才符合乐的思想。那么使用礼乐的人，如果使用礼的用（力行），就能够得到礼的性情；如果使用乐的用（收敛），就能够得到乐的性情。故曰“只在进反之间，便得性情之正”也。

秦镛评注讲：性的德是中，情的德是和。而使用礼乐的力行和收敛，人就会常常庄重恭敬，那么就不容易生起轻慢之心；人常常内心和乐，那么就不会生起乖戾之心，所以气象自然不同于他人。

张绍价评注讲：记诵之学，不在性情上下功夫，所以就会玩物丧志，想要理正自己的性情，就必须从事礼乐。礼的本体严，严就会有不及的过失，所以就要力行，在做事中无须任何勉强，那么就会严中有和，而不会由于拘迫感受痛苦；乐的用是和，和常常有过方面的过失，所以就要收敛，意思是一定要收敛，则会和中有严，而不至于流荡。力行收敛，无过无不及，所以人能够得到中正的性情，这样的作用，不是记诵之学所能够达到的。

——根据《近思录》整理

为学（二十九）

有分毫私，便不是王者事

父子君臣，天下之定理，无所逃于天地之间。安得天分，不有私心，则行一不义，杀一不辜，有所不为。有分毫私，便不是王者事。

——传统意义上的为学方法

叶采在《近思录集解》中解释说：父子君臣这样的人伦关系是最重要的，这是天下的定理，立于天地之间，必然存在而不容许废掉。唯有能够在内心建立完整天理而无私心的人，处理人伦关系时才会各当其分。而如果做一件无道义之事，杀一个无辜之人，即使可以得到天下，也不会去做。盖尧把帝位禅让给舜，作为父亲，对于父子之恩，他也没有什么好亏欠的；商汤、武王的征伐，作为臣子，他们也无愧于君臣之义，因为他们都没有私心。

——根据《近思录》整理

为学（三十）

兼论性与气

论性不论气，不备；论气不论性，不明。二之则不是。

——传统意义上的为学方法

张习孔在《近思录传》中解释说，朱子《玉山讲义》：上天生出一个人，都会赋予此人仁、义、礼、智之理，从这层意思上看，怎么会有不善呢？但是想要生出此物，必须有气才行，然后此物才可以聚而成质。朱子语言表达得极其明白贴切。质，指身而言，是由气形成的。上天所赋予的理，就是所谓的性。《中庸章句》注解：上天通过阴阳五行之气的变化，生成了万物，气使万物有了形体，而同时理也赋予了万物，这就是所谓的性。气本自阴阳五行，是上天之气，怎么会有清浊、昏明的差别呢？盖上天通过气生物，必须要与其父母所遗相合，通过山川的养育而后才能形成，所以就有了气的纯杂差别，而又有物欲的干扰，于是万物的形成就会相去甚远。比如论述水，如果只是论述水的源头而不论述水的支流，那么就无法将水论述清楚。所以说“论性不论气，不备”。对于人的出生，如果有人一听说是来自父母和受风土的影响，而学问矫正对此不能起到作用，就认为性有问题，这样的认识对学习者所造成的危害是巨大的。自古至今，那些贤人君子，他们的人生岂能都是相似的？关键是人能够通过努力，使自己达到圣贤的境界。又比如那些由愚蠢变为聪明的、由柔弱变为刚强的人，在世间从来就没有断绝过。这不就是性天生就是善的，而且人人都有的吗？就如一个模糊不清的铜镜，它本身就含有明亮之体，倘若把它加以打磨，就会使它重新变得明亮起来，故曰“论气不论性，不明”。

陈埴评注讲：性，是人心所具有的天理。由于人的禀赋不同，所以先儒将性加以分别，称作义理之性和气质之性。仁、义、礼、智属于义理之性，知觉运动属于气质之性。有义理之性而无气质之性，则义理没有附着之处。有气质之性而无义理之性，则无异于枯死之物。所以有义理行在血气之中，有血气来接受义理之体，虚与气结合，性才完整。在孟子的时代，诸家学者谈到性，往往在气质上有见解，于是就将气质作为性，但是也只是知道形而下者而已。所以孟子对待他们，只在义理方面说，以攻击他们不懂的地方。气质之性，诸多学者只是理解到这个层面，所以孟子就不再谈论。义理之性，诸多学者不懂，所以孟子反复详细加以说明。程子的学说，正是恐怕后学死执孟子的义理之说，从而遗失血气之性，所以将二者一起说，就是“论性不论气，不备；论气不论性，不明”。

——根据《近思录》整理

为学（三十一）

论学便要明理，论治便须识体

论学便要明理，论治便须识体。

——传统意义上的为学方法

张伯行在《近思录集解》中解释说：这是明道先生在说明内圣外王的要点。儒者修养自己，必须依赖所学。那么所学的是什么？就是将上天赋予的天理，完整地继承下来。道理不明不可言学，所以必须先穷究天理，一定要洞见天人性命的源头，在人伦日用间都能明白其当然的准则，然后所学才能称为归于正统。王者主宰世间最重视的是治理方法，然而治术没有他法，只是应当不失立政之体而已。大体不知，何足言治？所以必须牢记大体的要素，即一定使井田学校定下大的规模，风俗人心不要忘记教化，然后治理就不会流于杂乱。不然，记诵辞章，并非圣贤之学；权谋术数，也不是帝王的治理方法。

张绍价评注讲：性，是万事万理所出之地，存性就成为天德，行之则成为王道。为学的道理、治理的大体，都是我性中所固有的。谈到为学而不明白道理，那就成了记诵辞章，而不足以达成天德；说到治理而不识大体，那么就只能成为小惠私智，而不足以谈论王道。

——根据《近思录》整理

为学（三十二）

曾点、漆雕开已见大意

曾点、漆雕开已见大意，故圣人与之。

——传统意义上的为学方法

张伯行在《近思录集解》中解释说：学习者对天理所见不大，终日营营，内心没有一点洒脱之处，即使稍微有所得，马上又自我满足，这些都是为学之病。圣门的曾点、漆雕开都能见到天理之大，所以一个是“春风沂水，随在自得”，一个是“吾斯未信，轻试实难”。人欲净尽，天理流行，随处充满，无少欠缺的境界，曾点已经达到，漆雕开的境界也差不多，所以圣人均赞同之。盖天理之大，上天下地，亘古亘今，没有一处不是具足的，没有时间穷尽它，能彻底通透天理，则触及任何之处时都是愉悦的，万物都能各得其所，而凡是理欲公私、义利善恶，更是无不清清楚楚地显示于眼前。这是何等境界！

朱熹先生评注讲：曾点见得较高，而做功夫却有欠缺。漆雕开的功夫精密，而见处或许不如曾点。学习者须在自己下学、致知、力行这些方面做功夫，时间一久，自然会逐渐有所收获。

——*根据《近思录》整理*

为学（三十三）

根本须是先培壅

根本须是先培壅，然后可立趋向也。趋向既正，所造浅深则由勉与不勉也。

——传统意义上的为学方法

张伯行在《近思录集解》中解释说：此是希望人们能立足于自己的根本，树立远大的志向，努力勉励自己奋发为学。为学必须要知道自己的根本所在，比如一身作为万物的根本，一心作为万事的根本，都应当内心充满敬意而加以穷究义理。就如栽种植物，首先要在植物的根部培土，使它的根本坚固，然后立志向前，那么前进的方向就是正确的。方向正确，就好用力了。这里必须要知道，一个人后来造诣较浅，是由于没有勉励自己用力，造诣深，是因为能勉励自己用力。倘若能每日孜孜以求，何必担心心之不正、身之不修，而有志不能成功呢？

——根据《近思录》整理

为学（三十四）

敬、义夹持直上，达天德自此

敬、义夹持直上，达天德自此。

——传统意义上的为学方法

张伯行在《近思录集解》中解释说：这是告诉人们通过下学可以有上达之功。持身恭敬则心有主宰，符合义则事情皆宜，动与静相互转换，不会有瞬息的间断，那么功夫自然会直前而上行。用敬守持，内心就会正直；用义来裁制，外在就会方正。表里严密，无毫厘的偏差，那么就会专心一意，每日趋向高明。据此我们就可以相信上达天德了。

——根据《近思录》整理

为学（三十五）

懈意一生，便是自弃自暴

懈意一生，便是自弃自暴。

——传统意义上的为学方法

张绍价在《近思录解义》中解释说：敬义的功夫，夹持直上，不容许有丝毫的懈怠。懈怠之意一萌发，则会功夫间断，就无法实现上达天德的目标，故谓之自暴自弃。

张伯行评注讲：道源自上天。体悟大道者必须与天相似，才能全部继承此天理。天行健，没有片刻的停息，所以君子必须自强不息，才可以效法天。懈怠一生，便是与道隔离，这岂不是自暴自弃吗？况且一旦有懈怠之意，不要说后来在道上有没有所得，懈怠一时便暴一时，懈怠一事便弃一事，所以学习者必须要深深地自我反省。

——根据《近思录》整理

为学（三十六）

不学便老而衰

不学便老而衰。

——传统意义上的为学方法

茅星来在《近思录集注》中解释说：人的血气随着年老而衰弱，志气则不以人老而衰。只是由于不学导致志无法维持，而气有所不充，那么人就不免被血气所移，而志气也就会老而衰。按：朱熹先生曾经讲过，陆宣公搜集医方，富郑公好读佛书，以这二公的贤能，而晚年却没有以往的刚大之气，这是由于学问之功少了。噫！这就是古人耄而好学，自强不息的原因！

张伯行评注讲：天下没有不衰老的人，然而却有使人不衰老的学问。学，就是学义理。义理无穷，岂有衰时？不学义理，那么理就不足以养心，志就不足以统率气，老了就经常疲倦。任何事物都会渐渐衰老凋谢，为什么不想想圣人在发愤学习中是与快乐相伴的，在不知不觉中才发现老之将至？即便在我死后有人感叹我的衰老，然而我却留下了不衰之学，以振励万古。不学义理的人，怎么可以让自己的精神自甘堕落呢！我每日学习、钻研义理而不能停止下来，老当益壮，这必然是通过学习义理做到的吧。

——根据《近思录》整理

为学（三十七）

人之学不进，只是不勇

人之学不进，只是不勇。

——传统意义上的为学方法

张伯行评注讲：学习自然是希望每日都能进步，既然已经走在学习的路上，自当达到一定的境地。然而也有学了却没有进步的人，他们或者推脱是气质的原因，或者是以时势为托词，这些理由都不对。究其原因，这些人不是懦弱而无志，就是拖延而气馁，实际上就是缺乏勇气。如果能勇往直前，那么就可以忘记饮食，就可以忘记忧愁，又何必认为是时势呢？愚蠢的能变为聪明的，柔弱的能变为刚强的，又何必认为是气质呢？那些不能进步的，是断然没有道理的。

——*根据《近思录》整理*

为学（三十八）

学者为气所胜、习所夺，只可责志

学者为气所胜、习所夺，只可责志。

——传统意义上的为学方法

张伯行在《近思录集解》中解释说：学习是为了明白天理，也是为了彻底实践内心的性。然而对天理理解不足，人就会被自己的血气所支配，而理就被战胜了。内心的性不定，那么人就会被习俗所改变，而性就会被习俗所夺。然而这些只能责备人的志。如果在学习上能勇往直前，人就会持有此志，而志能够统率气，所以气质就可改变。志通于天道，而志由于天道而安宁，所以习俗就没有了力量。故而，如果能坚持自己的志向，那么血气怎么能战胜天理，性怎么能被习俗所夺呢？学习者应该知道如何鞭策、勉励自己。

陈埴评注讲：学习者被禀赋之气所拘，被习俗所制，不能摆脱缠绕，只是因为做人没有立志、不自强而已，不愿意做有意义的事情，不愿意成为积极向上的人，于是落在旋涡之中而无法自拔。所以学习者必须先立志，这个志就是孟子崇尚的志。

——根据《近思录》整理

为学（三十九）

内重则外轻，得深则诱小

内重则可以胜外之轻，得深则可以见诱之小。

——传统意义上的为学方法

张伯行在《近思录集解》中解释说：但凡人的内心匮乏，就会认为外在富足；心中没有真实的所得，就会感觉外部繁华让人喜悦。如果以自己的心性为重，那么对于富贵利达这些偶然出现的镜像都会看轻，而人内心的丰富将无以复加。在学问方面所得深，那么对物欲贪恋的私心自然就感觉小，内心的乐就不会改变。所以学习者必须要知道什么是重要的，求得内心有真实的所得。

——根据《近思录》整理

为学（四十）

正其义，不谋其利

董仲舒谓："正其义，不谋其利；明其道，不计其功。"孙思邈曰："胆欲大而心欲小，智欲圆而行欲方。"可以为法矣。

——传统意义上的为学方法

张伯行在《近思录集解》中解释说：儒者建立自己的内心，以光明正大而不杂乱为贵，使内心时常专一而不纷乱。汉代大儒董仲舒云："正其义，不谋其利；明其道，不计其功。"义，指事理所适宜；利，指人情的欲望；道，指在日用间所应当遵循的；功，指道理在自己身上起到的功效。正心的要素，是义理的回归，绝没有丝毫为自己谋求私利的想法，使内心的知越来越清晰，以求得道理的恰当，也不敢有快速实现的计划。这样的心是何等磊落、何等光明！独处则践行醇粹的儒术，出仕则实行广大的王道。董子所言真正是分别邪正的行为准则，也是学习者居心的重要方法。

大凡人都是担心胆怯者不能承担事情，而果敢的人又常常做事粗疏；拘泥固执的人不能很好地适应事务，而善于变通的人又往往不顾是非妄随人意。人要立心修己，像这样确实很难。唐代孙思邈曰："胆欲大而心欲小，智欲圆而行欲方。"盖胆壮则遇事能断，所以希望胆子大一些；心细则处事周密，所以希望心要小一些。智周则考虑道理通畅，所以希望智圆一些；行为端正，则威仪就有了标准，所以希望行为要方正一些。人如果能在这些方面身体力行，那么果断做出的决定也会精细，精明通达而又不失庄重，如此何事不能做好呢？

——根据《近思录》整理

为学（四十二）

君子唯有自得最为珍贵

大抵学不言而自得者，乃自得也。有安排布置者，皆非自得也。

——传统意义上的为学方法

张伯行在《近思录集解》中解释说：这是希望学习者心领神会，能够真正得到理的精髓。盖学自然期望能有所得，而所谓得，岂能是偶然有得就认为是真得到了呢？又岂能是勉强得到而安心据为己有呢？大抵默而识之，深而造之，融会贯通，等到冰释理顺，内心自然就能契合其中的妙处，油然有得，这样才是真正的自得。否则，有意安排推测，牵强凑合布置，终究是影响附会，心与理不能融洽，这就不是自得。这样又岂能真正见到理的精髓，长久存于内心而不失去呢？所以君子唯有自得最为珍贵。

朱熹先生评注讲：学习者必须用敬守持此心，不能急迫，应当栽培得深厚。栽，就如在此种了一物，只要涵养持守的功夫不停止，就是栽培深厚。如此在其间优游涵泳，则自然融洽而自有所得。倘若内心急迫而去追求，那么此心已经是躁迫纷乱了，只是自私而已，终究不能优游涵泳，通达于道。

——根据《近思录》整理

为学（四十二）

人要识得真与妄

视听、思虑、动作，皆天也，人但于其中要识得真与妄尔。

——传统意义上的为学方法

张伯行在《近思录集解》中解释说：这就是所说的省察之功。上天将理与气赋予人，人得到其中优秀之气以生，那么一身五官百骸，都是将天作为身体，所以目之视、耳之听、心之思虑、四肢的动作，都是上天的灵妙作用。

然而既然属于人，那么形体要实践的必然是完整的天性，而与事物相接触时，未必都合乎上天的行为。盖其中遵循天理而发出的则为真，遵循欲望发出的则为妄。必须在此认识得真切，然后才知道什么是要存的，什么是要遏制的，而自己动或者静，就可以不违背天理了。那么怎么来识别呢？唯有静静地体会七情未发之时的状态，以感觉生命本原的中正，更要体察已发的七情，以验证感应是否适宜。这样区分真与妄，则可知自己所悟的已经很多了。

——根据《近思录》整理

为学（四十三）

学要密切联系自身

明道先生曰：学只要鞭辟近里，著己而已。故“切问而近思”，则“仁在其中矣”。“言忠信，行笃敬，虽蛮貊之邦行矣。言不忠信，行不笃敬，虽州里行乎哉？立则见其参于前也，在舆则见其倚于衡也。夫然后行。”只此是学。质美者明得尽，渣滓便浑化，却与天地同体。其次惟庄敬持养，及其至，则一也。

——传统意义上的为学方法

张伯行在《近思录集解》中解释说：这是告诉人们，学要密切联系自身。学的目的是求道，而道就在自己的身心之中，也就是所谓的仁。鞭辟，犹如警策的意思；近里、著己，犹如贴身的意思。指的是为学之功，如果内心带有一丝一毫虚浮驰外的意思，便是与道背离。故而返回自己的身心之中，好好去认识，那么自然会有所得。如子夏所说的“切问近思”，则“仁在其中”，指的就是道。盖学问必须讲求实际，思考时也不要忽视身边那些浅显的事物道理，如此人就会聪明内敛，志意真挚，内心就会有所存，而理就会在这里得到。

为学上进，固然在于对义理理解得透彻，而自己要有真实的体会，唯有身体力行才行，其中力行尤其重要。不过人行得再远也必然是从近处开始，而好高骛远的人，通常都有难以脚踏实地的毛病。往昔孔夫子回答子张关于行的问题，只是告诉他怎么才能做好言行，比如，语言必须忠信而诚实，行为必须敦笃而恭敬，这样贴于自身去实行，那么即使再远的蛮貊之地也可以前去。如果语言不忠信，行为不笃敬，就是自身没做好，那么如州县这样近的地方，又怎么能去呢？况且想要达到忠信笃敬的人，更是需要对忠信笃敬念念不忘，不管在任何地方，就像常常见到一样，就如站着仿佛看见“忠信笃敬”四个字展现于眼前，乘车时好像看见这几个字在车辕的横木上。然后我们就可以确信，这样可以身体力行了。这岂不是结合自身的力行功夫吗？为学的目标没有比得到仁更大的了，而道没有比可行再难的了，于是结合自身，在身边的事上进行思考，这样就是仁在，忠信笃敬就是行得通畅，那么这样就是为学。

求仁求行，不外乎通过自身，在身边浅显事物的道理上来思考，做到忠信笃敬。如此，学习者也就可以知道在何处用力了。但是用力也和气质有关，气质美的人，得到的是上天清明之气，这种人对天理理解得透彻，当他一通百通之时，内心的私欲就会完全清除，自然纯净不杂，他刚健和顺的气质也自然与天地同体。其次有另一种人，不容易达到和天地浑然一体的境界，那么只有通过端庄恭敬、操持涵养的功夫，功夫纯熟后自然也可以；用力积累的时间一久，内心也自然会消融明净，达到与天地同体的境界，其造诣和上面的那种人是一样的。

——根据《近思录》整理

为学（四十四）

乾道奋发而有为，坤道持重而有守

"忠信所以进德"，"修辞立其诚，所以居业"者，乾道也；"敬以直内，义以方外"者，坤道也。

——传统意义上的为学方法

张伯行在《近思录集解》中解释说：乾，健而动，代表真实的上天，有清明强固的意思。所以《文言》讲：乾主宰人的内心时，没有一个念头不是真实的，所以德就会每日增加；显现于外，则没有一句话是虚假的，所以可以保有功业。这是根据乾道而讲的。坤，顺而静，代表大地，体卦全是阴爻，有虚的含义，代表恭谨整齐的意思。所以《文言》讲：坤主于内，用敬来守持，它就有中正的意思；显现于外，则由于内心将义作为判断是非的标准，所以自然就有端正大方的气概。这是根据坤道论述的。大抵气质清明的人，可以运用乾道，而气质庄严持重的人，可以运用坤道。等到道德崇高、功业广大之时，忠信就会立诚，敬直就会义方，而这些道理就是相通的，脉络就是连贯的。

朱熹先生评注讲：乾道奋发而有为，坤道持重而有守。

——根据《近思录》整理

为学（四十五）

为学的着力处与得力处

凡人才学，便须知着力处；既学，便须知得力处。

——传统意义上的为学方法

张伯行在《近思录集解》中解释说：着力，指的是身心十分紧要的功夫；得力，指的是德行增长的原因。刚刚开始为学时，心中没有主宰，如果不知道功夫的要点，那么心中空泛而不知遵循什么，是非纷扰而不符合为学的方法，就会出现东跳西跳漫无目的的无功之学。开始为学之后，学业上理当有进步，如果不能辨别学业进步的功效是如何来的，那么只能说是常常任其蹉跎自己的人生。如果选择后而又不能坚持，为学只是偶然去做，就会没有长久的兴趣。所以必须知道着力的地方，然后才能竭尽自己的才华来完成；也必须知道得力处，然后可以经常复习以至于纯熟。《大学》里的“知所先”“知所后”，也是这个意思。

——根据《近思录》整理

为学（四十六）

君子唯有振民、育德二事

有人治园圃，役知力甚劳。先生曰，蛊之《象》：“君子以振民、育德。”君子之事，唯有此二者，余无他焉。二者，为己为人之道也。

——传统意义上的为学方法

张伯行在《近思录集解》中讲：在园圃中劳作，是一项细致的事务。为了治理好这个园圃，有的人费了许多脑力，那么此人的见识、志趣就是非常卑陋的了。所以朱熹诵蛊的象辞来加以警诫。振民，让民众振起，使他们都能够改正自身的缺点和错误而重新做人。育德，涵养我的德行，以期望将来有大的成就。蛊卦之象，在民众层面指的是以往沾染的恶习，在自己则代表天德的丧失。君子认识到这些，便知道该如何做事了。治理民众就要使他们振作，使他们去除以往的恶习而重新做人；自我治理也必须加以培养，使我的德行恢复本体的光明，而不至于昏昧。盖新民，是为了使我的明德完整，而明德是新民的根本。君子所要做的事唯此而已，其余也可以不用顾及。

张伯行评注讲：道，贵在谋求大和远，这二者乃成就自己和他人的方法，所以说是大人之事。像治理园圃，需要非常细致，这样劳烦智力是为了什么呢？这与孔子答樊迟稼圃之学，意思是相同的。

——根据《近思录》整理

为学（四十七）

博学而笃志，切问而近思，仁在其中矣

“博学而笃志，切问而近思”，何以言“仁在其中矣”？学者要思得之。了此便是彻上彻下之道。

——传统意义上的为学方法

张伯行在《近思录集解》中解释说：为学的目的是求仁，然而求仁，并非有一个仁在某处而急切地去求来。仁就在我的心中，也就是在平时的日用

事物之间，所以要随着不同的时间、不同的事情，广博地去学习，好好探究其中的道理。真诚笃实地去立志，且一定要专心；最恳切地询问，这是为了辨别真伪；思考身边事物的道理，是为了找出其中的要点。内心有事，不要忘记心的本初状态，也不要过多干涉事情的发展，那么中正之心就会长存而思虑不杂，这样不间断地用功而理自然纯熟，仁就是这样存在的。学习者读子夏之言，试想一下博学笃志，切问近思，为何不说求仁，而说仁在其中呢？如果能在这里了悟，就是贯通了上下之道。盖形而上之道，存在于形而下的器之中，在下的为学就是为了上达天德；用功与用心纯熟不累，便称为仁，仁是没有内外精粗之别的，是一以贯之的。

——根据《近思录》整理

为学（四十八）

弘、毅不能偏废

弘而不毅，则难立；毅而不弘，则无以居之。

——传统意义上的为学方法

叶采在《近思录集解》中解释说：弘，是宽大的意思；毅，是刚强的意思。弘而不毅，则宽大有余而规矩不足，所以不能自立。毅而不弘，则刚强有余而狭陋自足，所以功业无法存留。

张伯行评注讲：弘而不毅，那么人的心力或许会懈怠，而广大的心量怎么能植入内心而永久保持呢？毅而不弘，则度量狭窄，怎么能有通达四方的宽广胸怀呢？所以弘、毅不能偏废。

——*根据《近思录》整理*

为学（四十九）

对涵养的积累，会逐渐周遍全身而融入自己的血液里

伊川先生曰：古之学者，优柔厌饫，有先后次序。今之学者，却只做一场话说，务高而已。常爱杜元凯语："若江海之浸、膏泽之润，涣然冰释，怡然理顺，然后为得也。"今之学者，往往以游、夏为小，不足学。然游、夏一言一事，却总是实。后之学者好高，如人游心于千里之外，然自身却只在此。

——传统意义上的为学方法

张伯行在《近思录集解》中解释说：这是伊川先生辨明古今为学的不同，而发出今不如古的感叹。优柔，从容自得的意思。厌饫，沉酣饱满的意思。从为学的角度来看，是没有古今之分的，本质都是一样的。古代的学者为学时，不敢流露出自夸轻浮的态度，也不会只是简单地学习而不往深处去研究。常常由于存心省察而从容，从而得以安心于动或静。深深沉浸在诗书之中，来广泛地吸取义理的宗旨。所以古人的为学功夫自有次序而不紊乱，其中的为学条目自有次第而可遵循，所以所学越来越深。现在的学者则不然，他们妄想着观察性命之学，而探索只是为了话柄或谈资；他们也不害怕广泛地涉猎，然而这种多而不纯的学习，也只是提供了一个借口，做了一场谈话，目的也无非是展示自己的高明而已。他们的用功和古人不同，难怪为学所得不同！

叶采在《近思录集解》中解释说：杜预，字元凯，作《春秋左氏经传集解》，此段是引用序里面的记载。江海之浸，指的是逐渐积累而变得深厚广博；膏泽之润，指的是从容而丰腴。这些都是讲，对涵养的积累会逐渐周遍全身而融入自己的血液里。至于所能达到的识见，就会彻底明了而不会留有一点残渣，就如冰融化一样不留痕迹；内心所保存下来的安而富足，没有丝毫纠结，那么就会怡然而理顺。为学达到这种地步，可知造诣深而自有所得。

张伯行在《近思录集解》中解释说：今之学者，大抵轻浮而浅薄，狂妄肆意地讥讽议论，即使是圣门中以文学见长的子游、子夏，也不放在眼里，认为不值得向他们学习，而又想凌驾于他们之上。为何不想一想子游、子夏的文学，原本就不是徒有的虚辞，其中的一言一事都是真实的见闻，从而能将其所得流传后世。后来的学习者不肯真实地用功夫，虚夸不实又好高骛远，没有一点真实的所得，或者是隐约其词以显得有多么高深，或者是冠冕堂皇地认为其学说有多么广大，只是好高而已。譬如身未动而心已游行于千里之外的人，精神也好像飘然跟去，然而毕竟属于虚妄，因为自身只是在这里，不曾真正到过那里。这样使用内心，一点益处也没有，真是十分悲哀呀！然则比较古今的为学，区别在于是为了涵养自己而学，还是为了在他人面前显示而学，学习者必须要加以警惕啊！

朱熹先生评注说：不要穷高极远，只需在言行上检点，自己就会真实。现今的人论道，只说理论不讲事实，只说心不说身，他们说得至高，然而内心却是空荡荡的，没有什么可守持的，这样就会走向空虚的异端邪说。

——根据《近思录》整理

为学（五十）

功夫到时，有志者事竟成

修养之所以引年，国祚之所以祈天永命，常人之至于圣贤，皆功夫到这里，则有此应。

——传统意义上的为学方法

叶采在《近思录集解》中解释说：人生命的寿夭自有天命，而懂得修养的人，通过修炼保养精气，乃可以延长生命。一个国家的国运长短是有一定运数的，圣贤的国君致力于实行仁义，乃可以祈求上天获得长久的国运。普通人的资质，虽然与生知安行的圣人相距甚远，然而通过不间断的学习，最终也可以达到与圣人同样的境界。这三种情况，都不是靠一日之功就可以实现的。有一种人，看似很轻松地就超越了，很幸运就得到了，实际上是他下的功夫已经到了，才有这样的成果。所以明明白白学习圣人的人，经过长时间的认真积累，才会学有所得。

张伯行在《近思录集解》中解释说：此是希望人努力成为圣贤，而以能延长寿命和获得长久的国运为例，来阐明功夫到了是可以成功的。学习者不相信自己能成为圣贤，却说圣贤不是通过学习就可以达到的，如果他人以能成为圣贤的方法劝说他，他也认为这只是虚假的语言。却不知，天下之事就是看下的功夫怎么样，功夫到时，有志者事竟成。就如人的寿命不可预测，然而通过修炼精神、充养元气、屈伸吐纳，工夫一久，自然就有延年益寿的功效，所以延长生命不是虚假的。国家命运的长短，看似不是人力可以改变的，然而通过积累仁德，功夫到位，也可以感通上天而获得安宁长久的护佑，所以祈求国运长久也不是虚言。平常之人和圣贤，同样是人，只是由于禀受上天之气不同，习俗影响不同，所以才有了区分。倘若常人能百倍地用功，自然能变化气质，增长聪明而坚固才力。成功后自然能达到和圣人相同的境界，而这也是他通过不断勉励自己达到的。这又哪有虚假的呢？这三者都足以令人相信，可知有功夫必有效验，功夫到了极致，便有极致的回应。

——根据《近思录》整理

为学（五十二）

忠恕是公平之道

忠恕所以公平。造德则自忠恕，其致则公平。

——传统意义上的为学方法

张伯行在《近思录集解》中解释说：这里是说忠恕是建立内心的根本，所以反复说明，希望人能够自我勉励。尽我自己所能称为忠，设身处地为他人着想称为恕。人能尽自己之心，那么这个所尽的，就是合乎天理而作为天下公心的心。从这里推广出去，使众人之心都如自己的心一样，而使每个人的心愿都得以实现，那么什么样的公平能像这样呢？所以说，忠恕是公平之道。人们知道的为学，没有比成德更重要的了，而德就在于此心。心的体用就在于忠恕，那么希望建立自己的德行，必然从忠恕开始，而忠恕的极致则自然能够公平。想要公和平都得到，则必须内外合一，人自己能够诚恳融洽，而性之德就完整了，所以说忠恕难道不重要吗？

茅星来评注讲：物我之间没有间隔称为公，做事各当其分称为平，盖道本来就是如此。学习者怎样才能做到大公而至平？唯有尽自己的心，设身处地为他人着想，使彼此之间各自满足自己的心愿，这样才能公平。然而这并不是一定要勉强造作的。这个方法只是在于造德而已，造德则是反躬自省，克制自己的私欲，私欲逐渐克服，自然就能忠恕。公平则是尽到了忠恕。公是根据体而言的，就是忠；平则是根据用而言的，就是恕。

——根据《近思录》整理

为学（五十二）

仁则公，能恕能爱

仁之道，要之只消道一“公”字。公只是仁之理，不可将公便唤作仁。公而以人体之，故为仁。只为公则物我兼照，故仁，所以能恕，所以能爱，恕则仁之施，爱则仁之用也。

——传统意义上的为学方法

张伯行在《近思录集解》中解释说：仁的道理至大而难以理解，所以伊川先生分别来讲述，使人们知道如何体验。盖仁的道理有多种解释，而其宗旨则各有恰当之处。

如果总起来说，只需说一个“公”字就可以，那么仁的宗旨就没有什么可以隐藏的了。然而公，只是仁之理如此而已，并非就是仁。理，指的是其中的条理，这个理无所不同，无所不统，无所不贯，无所不纯，无所不觉，无事不在，无时或息，都有公的意思。所以，将仁之道说成至公则可，而将公当作仁则不可。由于生命的本体是公，当人们来体验这个公时，在人们的身心之间就真实地存在共同的地方，所以人就能统而贯，所以能纯而觉，所以能体事，能不息，这样才能称为仁。故孟子也说“仁也者，人也”。人自身能体会到公，便能得到之所以为仁的宗旨了，学习者应当仔细地加以思考。

仁之公，实际上指公的推行之妙，即所谓的亲身实行仁道。因为仁是至公之理，所以人人都能亲身实行。又由于万物和我是相同的，只要有一颗至公无私的心，就能将我与万物兼照无遗，故仁。而此心本来就如彼心，即当使彼心符合此心，所以能设身处地为他人着想。仁则是由于人怀有感情，关切之情一动就能爱。然而能设身处地为他人着想，彼此如一，因为有推己及人的理能实现推己及人的行为，则是仁之施。而爱，则是满腔恻隐之心，不忍遏制自己的感情，不能不顺遂自己的心愿，这就是仁之用。仁的种种形式，也可以说是深切而显明了。

叶采在《近思录集解》中解释说：仁，譬如泉水的源头。恕，则如泉水流出。爱，则是泉水的润泽作用。公，则是指疏通而没有壅塞。因为疏通没有壅塞，所以泉水才能流淌而润泽万物。

——根据《近思录》整理

为学（五十三）

为学要刚决果敢

今之为学者，如登山麓。方其迤逦，莫不阔步，及到峻处便止。须是要刚决果敢以进。

——传统意义上的为学方法

张伯行在《近思录集解》中解释说：此处是说有志于为学者，不可以没有勇气。迤逦，山势平坦舒缓处。峻，陡急的意思。人求取大道，一定要达到极致，就如人去登山，必然要到达山巅，这就是所谓的有志者。然而想要到达山巅，就必须直上；想要达到道的极致，就必须要有勇气。现今的学习者，就如爬山，走在平缓之处时，莫不是步伐宏阔，等到了险峻之处时，则变得畏惧险阻而不能前进。这样的人，大多是趋向容易的，而回避困难的，前进时锐进而后退时也迅速。所以有志于为学的人，必须刚决而必往、果敢而无畏，然后就会一直前进而不停止，最终达到极致。学习者如果能够这样，想要学习圣贤则必然会成为圣贤，犹如爬山的人一定会到达山巅一样。

张绍价评注讲：见易则进，畏难则止，这是学习者的大毛病。用刚决果敢之心来前进，越困难，越奋勉。用毅力贯彻始终，则必然会达到巅峰，那么就不会因为困难而变得沮丧了。

——根据《近思录》整理

为学（五十四）

力行也只是浅显的话

人谓要力行，亦只是浅近语。人既能知见，一切事皆所当为，不必待着意，才着意便是有个私心。这一点意气，能得几时子？

——传统意义上的为学方法

张伯行在《近思录集解》中解释说：这也是为那些只是着急力行而不洒脱的人讲的。“知并不困难，真正去行才是困难的。”古人早就有这样的语言。人在口头上动不动就说要力行，然而我们必须要知道，人们所说的力行，依然是平常的浅显语言，至于怎么去行，则又不可不知。盖人倘若能知道一切事都应该去做，那就马上去做就行。只是去做时把它当作平常的事，这样才能行得洒脱、长久。没有必要找个要紧的理由。因为一旦有了要紧的意思，便缺少了自然，成为私心。这一点要紧的、不急迫的意气，又能对事情的发展支撑多长时间呢？因为只要内心不提防，那该做的事就停歇了，事情最终就要废掉。所以当行时就随时随地去做，不必急切地只是说要力行。

——根据《近思录》整理

为学（五十五）

用毅力贯彻在知行之间

知之必好之，好之必求之，求之必得之。古人此个学是终身事。果能颠沛造次必于是，岂有不得道理？

——传统意义上的为学方法

张绍价在《近思录解义》中解释说：知得越真实，必然喜好得越深厚；喜好得越深厚，必然就会用力去探求；用力去探求，所得到的必然深广。用毅力贯彻在知行之间，那么在为学的路上就会没有穷尽，也不会停止，直到我生命的终点。不管是在仓促的形势下还是在颠沛流离的环境中，一定会如此，这就是毅力的作用，这样去做怎么能得不到道理呢？假如在为学的路上没有所得，都是毅力不足的原因。

张伯行评注讲：这与孔子的“知之者不如好之者”意思是相同的。只是孔子每次谈到前进的目标时，都是以劝学的形式，而伊川先生则是以坚决的态度来勉励学者。为学必然以能得到道理为标准，比如为学是否有进步，则在于知得怎样，所以致知岂能是徒然的呢？盖通过知而能得到此理的妙处，那么愉悦之情就会不能自已，这必然是心中喜好，感觉天下之物没有比这更高尚的了。既然喜好而不能自已，于是便要刻苦用功，而努力地去探求。既然不怕下功夫来探求，则必能遵循其所当然的道理，领会其为什么这样，从而真实地得到这些道理的精髓。须知古人对于这个为学，终身不能放弃的，也是实践不尽的事；假如没有得到这些道理的精髓，即辜负了终身。然而果真能够知而后喜好，喜好又去探求，那么无论变故多么仓促，都必然会如此为学，岂会不能得到这些道理的精髓呢？奈何自己甘于自暴自弃，而放弃必然能够得到的道理，却让圣贤独得。

——根据《近思录》整理

为学（五十六）

欲趋道，舍弃儒者之学是断断不可的

古之学者一，今之学者三，异端不与焉。一曰文章之学，二曰训诂之学，三曰儒者之学。欲趋道，舍儒者之学不可。

——传统意义上的为学方法

张伯行在《近思录集解》中解释说：古代的为学者重视的是修养自己，所以让自己的为学一定要有真实的所得，要达到这个目的，只有儒学这一条道路，而儒学之外也只有异端之学而已。如今的学习者，从事的大多是在他人面前可以夸耀的学问，由于这种弊端逐渐增长，学术就分为了三类，而异端之学还不包括在内。第一种是沉溺于文辞，只追求富丽的形式，务必取悦于人，称为文章之学。第二种是牵强于注释，寻章摘句，不重视大的方面，称为训诂之学。第三种是像丰碑那样的言辞，足以成为表率的行为，追求的是修养自己、治理国家的心要，而称为儒者之学。自从这些存有弊端的文章、训诂之学兴起以后，而儒学几近于黯淡无光，落后于其他学术。然而想要走在正确的道路上，趋向探究的大道，舍弃儒者之学是断断不可的。

朱熹先生评注讲：古代的学者明德新民，各求止于至善而已。自从圣学不传，那些世间为士的人，学习也只是在记诵训诂文辞之间，以沽名钓誉来获得利禄。所以天下之书越多而道理越不明显，学习之事越频繁而心越放纵，辞章越华丽，议论越高超，而其真实的事功越无法达到古人的高度。

——根据《近思录》整理

为学（五十七）

作文害道

问："作文害道否？"曰："害也。凡为文，不专意则不工，若专意，则志局于此，又安能与天地同其大也？《书》曰'玩物丧志'，为文亦玩物也。吕与叔有诗云：'学如元凯方成癖，文似相如始类俳。独立孔门无一事，只输颜氏得心斋。'此诗甚好！昔之学者，惟务养情性，其他则不学。今为文者，专务章句，悦人耳目。既务悦人，非俳优而何？"曰："古者学为文否？"曰："人见'六经'，便以谓圣人亦作文，不知圣人亦摅发胸中所蕴，自成文耳。所谓'有德者必有言'也。"曰："游、夏称文学，何也？"

曰："游、夏亦何尝秉笔学为辞章也？且如'观乎天文以察时变，观乎人文以化成天下'，此岂辞章之文也？"

——传统意义上的为学方法

张伯行在《近思录集解》中解释说：文是承载天道的。后人的习气太重，所做的文章无不通过富丽的形式相互夸耀，而不知这样与道已相去甚远，所以伊川先生经常指出辞章的弊病。有的人对儒者所做的文章存有疑问，因而问"作文害道否"，而伊川先生直接回应说"害道"。盖道之广大，盛大而雍容，包含一切，充满天地。学者每日使用性情，当使自己的内心廓然大公，呼吸之间都是天理的流行，这样才能和道成为一体，所以何必以文辞沾沾自喜呢？关于那些作文的方法，如果心思不专心其中，则不能达到工巧的极致；如果专心于此，那么神气就会被拘滞，志趣也就局限于此了，内心就会变得卑微狭隘了，又怎能刚健含弘，与天地同其大呢？即使有辞章，也是当前一时的快意，适当地看看则可。故《尚书》曰"玩物丧志"，讲的是玩弄外物，精神奔驰追逐于外，心志便不安宁而丧失了。文也是物，作文则会字饰句雕，留恋不舍，不是玩物又是什么呢？把和天地同量的性情，和文辞相比，而又感觉其小，岂不是可笑之甚吗！

癖，偏滞之病。俳，俳优，属于伶人。心斋，澄净其心就如斋戒之时。

庄子说颜子心斋坐忘，吕与叔就是使用的这个。吕与叔有诗云：“学如元凯方成癖，文至相如始类俳。”盖学如元凯，只能称为广博，然而义理不充分，内心有物而不化，才结成癖而成为病。文章达到司马相如的程度艳丽至极，然而却与道德无关，华而不实，就类似于伶优之辈，均不足贵。继续曰：“独立孔门无一事，只输颜氏得心斋。”讲的是为学而立，圣门中没有其他要紧之事，所惭愧的只是没能涵养性情，输给了颜子的心斋。吕与叔的诗如此，可见古代的学者是以性情为重，唯以中和养育为要务，对于其他杂博藻丽之文，都不屑于学习。

有人问：“文章既然有这样的弊病，也是不值得学的，古代的人也曾学过吗？”伊川先生说：“文是道的花，道乃文的果。有果而花自然能见到，所以可以赞美而传承，如‘六经’。人们只是见到‘六经’都是圣人所定的，便认为圣人也做文章，却不知圣人全部的身心都是道，他的文章，也是描写、发挥其胸中所蕴藏的理，所以他性情流露，自然有条理有次第而成为文章。孔子讲过‘有德者必有言’，盖和顺积聚在中，而英华发于外，理本来就是这样。‘六经’这样的文章，圣人岂是必须先学，而后再做而流传呢？”

问者又说：“倘若不值得学，那么自古以来就应当没有以文章而擅长的人了，但圣门中的子游、子夏为什么独以文学著称？”伊川先生说：“子游、子夏以文学著称，乃因他们天资英秀，学问贯通，凡是他们所著述的皆文采斐然，然而又感觉不出他们的才华有此擅长。他们又何曾执笔构思，计较文章的巧拙，追逐时下的流行，想要用文采在世人面前表现呢？所以他们不能以子游、子夏为借口就非常明显了。”

那些灿然显现于天下的，都统称为文，比如阴阳交错的自然之理，乃天之文。君子观后就可以分辨春夏秋冬四时的变化，天之文的变化作用，谁又能超过呢？人伦的条理各自止于本分，这乃人之文。君子观后能够成就天下的教化，这种文使天下秩序整齐、井然有序，能达到这种作用，谁又能超过呢？所以这岂是辞章之文所能够同日而语的呢？盖大文是不需要刻意安排的，至文也和粉饰无关，“六经”之文也是如此。所以能与天地同光，与人道终始。倘若不是知道者，怎么能够讲清楚？倘若不是知文者，又怎么能够讲清楚？那些执着于写作，在字句间竞相逞其奇特的人，也是徒劳，因为志气既然不高，心意也单薄，那么强为之辞越多，义理越是不明。希望当世学者不要轻易舞弄笔墨，以免以文害道。

张习孔评注说：通过文章而留下言论的人，未必有德，那么这样的文章则会对道有害；有德的人必然会有言语文章留世，而这样的文章则不会有害于道。在“六经”这些文章中，影响最大的是《易·系辞》。孔子作系辞，是为了明道，并非为了留存文章。历史上，不只是孔子，凡是大儒，他们的留世之言都是为了明道，而那些后世的辞章作家，我们能见到的只是他们的文章而已。讲究道德的儒者，原本就不需要通过文章来看他的。至于他们的文笔工巧，也不是刻意而为之的。他们读书之广博，见义理之分明，涵养之丰盛，阅历之丰富，谋略训诲之宏大，不假思索而随笔写来，自然斐然而成章，并非雕镂润饰而成。后来儒者的文章，没有能比得上朱熹先生的，现在他的书全都保存下来了。观看朱熹先生的文章，精深宏博，典雅和粹，而且曲折尽致，古今善于写文章之人，谁又能超过朱熹先生呢？盖从根本到末端，文章与道岂能是两回事呢？如果没有得道，只是一心一意做文章，语言就会支离破碎，出现瑕疵，这就必然会害道。

——根据《近思录》整理

为学（五十八）

涵养须用敬，进学则在致知

涵养须用敬，进学则在致知。

——传统意义上的为学方法

张伯行在《近思录集解》中解释说：人想要为学，必须先让自己的内心安静下来，然后心思才能使用。然而如果一心只想要静，而不努力地学习义理，恐怕无法将天下无穷的义理融会贯通；学习义理又是内心安定的依据，如果没有学习义理，内心就会变得不安。所以在涵养和进学上用功，则是一个也不能偏废。但是涵养并非只是守持着一个空寂之心，而是要保持一种对天地万物的敬畏之心，这样就可以内心端庄而外在安宁，那么这样的心常常存在，就可以主宰事物。进学也并非从虚空中得来，而是根据事物本身来探究它所蕴含的最深刻的道理，使事物融会贯通，那么此心就会逐渐变得通达透彻，就可以达到它本来的光明程度。这就是君子的大居敬而贵穷理。居敬穷理，必须共同前进，《中庸》的“尊德性而道问学”也是如此。

——根据《近思录》整理

为学（五十九）

言学便以道为志，言人便以圣为志

莫说道将第一等让与别人，且做第二等。才如此说，便是自弃。虽与不能居仁由义者差等不同，其自小一也。言学便以道为志，言人便以圣为志。

——传统意义上的为学方法

张伯行在《近思录集解》中解释说：在天地间的道只有一个，如果说我们不能够全部理解并实践这个道，实在是没有这样的道理。人也只是一样的人，如果说不能够达到人的全部心量，也是不可能的。所以学习者切莫把“第一等”三个字看作是绝对优秀的条件而认为不可能达到，甘心让给别人而自己却只愿做第二等人。所以无论后来能否做成第二等人，只要一这么说，便早早地将本来属于自己的第一等给丢掉了，这不是自弃又是什么呢？即使他想要做第二等人，还是与内心不能存仁、做事不能循义的人不同。然而试着想一想这第一等人，谁能做得，谁又做不得？让给他人，自己却不做第一等人，就是自称的不能，这种人和自弃的人没什么区别。所以讲到为学就应当以道作为志向，因为道本来就是人人都应该理解透并能彻底实践的。讲到人，就应当以成为圣人作为自己要实现的志向，因为圣人原本就是人人都可以成为的。实践道，是第一等事；立志成为圣人，是第一等人。然而人相对于道而言，是不论等级的，成为圣人，能实践道，也是对每个人而言的，所以何必要多加以相让呢？有志向者一定要勉励自己啊！

——根据《近思录》整理

为学（六十）

事事都要符合道义

问："'必有事焉'，当用敬否？"曰："敬是涵养一事。'必有事焉'，须用集义。只知用敬，不知集义，却是都无事也。"又问："义莫是中理否？"曰："中理在事，义在心。"

——传统意义上的为学方法

叶采在《近思录集解》中解释说：孟子讲养气，说"必有事焉"，又说"是集义所生者"。意思是：人的所作所为，要全都符合道义，自我反省时内心无愧，这就是浩然之气生出的原因。敬，只是专心而已。如果不事事都符合道义，那么怎么能称之为生出浩然之气呢?

张伯行在《近思录集解》中解释说：这是伊川先生恐怕人只是专门采用敬的方法，从而导致主于静，而转向为守持一颗空寂之心的学说。有人问：“使用敬的方法就能生出浩然之气吗？”他们是对孟子说的能生出浩然之气的方法存有疑问，认为只要内心持有敬，便会生出浩然之气。伊川先生讲：“敬，代表专一，无杂念，这属于内心的涵养，生出正气虽然离不开敬，然而要生出浩然之气，则必须使用‘集义’，即事事都要符合道义的功夫。盖随着事情的出现，让它都符合道义，符合事物的情理，逐渐积累存在于心，内心加以裁制而使心安，这样才能生出浩然之气。如果只知道用敬，把持一颗空洞洞的内心，不知在事物上体察此事物的当然之理，这样连正气都不会生出，何况浩然之气呢？”

伊川先生又害怕人误将义认为是在外的，所以根据提问而分别讲述。或许是有人对义的名称怎么来的有疑问，认为莫不是任何事情的行为都合乎道理的意思？伊川先生讲：行为符合道理，是在事上论的。如果认为这样就是义，那么不就有义在外的意思了吗？须知义本来就是我心性中的本有之理，所以事情得到适宜的安排就会心安，内心有所以适宜的道理，遇事然后可以裁决而加以处理，使事情得以适宜，那么义实际上就是在心里。

然而用存在于内心的义处事，事情无不合乎道理，似乎在内外说义都是合理的，而究竟来讲，符合道理只可以指事情，而所以符合道理的义乃在内心。

——根据《近思录》整理

为学（六十二）

内心守持敬，又要事事都符合道理

问："敬义何别？"曰："敬只是持己之道，义便知有是有非。顺理而行是为义也。若只守一个敬，不知集义，却是都无事也。且如欲为孝，不成只守着一个'孝'字。须是知所以为孝之道，所以侍奉当如何，温凊当如何，然后能尽孝道也。"

——传统意义上的为学方法

张伯行在《近思录集解》中解释说：有人问，敬与义，它们的作用既然不同，那么这二者必有分别才能见到不同之处吗？伊川先生讲：敬与义原本就不相同，怎么会没有差别呢？敬，有用力的意思，我的身心本来就应该有所收敛约束，自己内心用敬的方法就可以做到。义，则是指任何事情都有是非，我的内心用义来处之，便知有是有非，遵循着最正确的道理而行，这就是义。如果只是守持着一个“敬”字，认为这就是学问的尽头，不知在事上使用集义的功夫，则会在身心间没有任何一事，那么此心在何处有着落呢？这不就是和那些持守空虚寂灭的人一样了吗？所以学习者应当早早分辨。

内心守持敬，但又不可不知集义。下面就根据孝这件事来说明其中的道理。盖说到敬，乃为了集义，并不是敬了而集义就在其中。比如儿子对待父亲就应当尽孝，儿子内心所当敬守的，是孝道。然而孝也自有孝所适宜的地方，也就是随事而有义，难不成只是敬守着一个“孝”字，便可以事父而无憾吗？须知我所以能尽孝，其中自有道理。比如随时随地小心体贴，凡是能够随侍奉养的，就应当尽量去做，不管是物质方面的还是精神方面的都尽力去满足。能够做到冬温夏凊，尽力使父母适宜，而又必须做到孝行的不间断，一有可以学习、遵循的方法，马上就会行我的孝道。种种此类，都是孝中所符合道理的，我们这样去做，在孝道方面就可以说是无愧了。通过一个孝道而敬义之辨就已非常明显，事事都要符合道理（集义）之功，难道不重要吗？

——根据《近思录》整理

为学（六十二）

人要务实，要戒除贪慕虚名带来的过失

学者须要务实，不要近名方是。有意近名，则为伪也。大本已失，更学何事？为名与为利，清浊虽不同，然其利心则一也。

——传统意义上的为学方法

张伯行在《近思录集解》中解释说：这是伊川先生希望人要务实，要戒除贪慕虚名带来的过失。人们为学，都期望有所成就，不务实则轻浮而内心

没有依据，怎么能有所得呢？所以必须是专心务实，使自己的内心没有半点为名的意思，这才是圣贤之学。盖务实，则心都是真实之心，行都是真实之行，功夫都是真实的功夫。一步一步为了提高自己的道德修养而学，那么这样就会对道德、义理有着透彻的理解并能努力实行。身处民间则有真实的学问，出则为仕则有真实的功绩。而人一旦有了想要名声的想法，那么一切都成虚伪的。内心的想法出现了问题，大本就已经失去了，不要说不学，即使学，所学也全都出现了偏差，这样的话，对什么会有益处呢？大多数人认为名在本质上还属于清洁的一条道路，还算属于好的，与利的污浊不同。然而却不知，不管是为名还是为利，虽然在意象上有清浊之分，而有目的地去做，总是为了方便满足自己的私欲，这样的用心则是一样的。

张习孔评注说：为了利益的人，唯恐人知；为了名声的人，唯恐人不知。恐怕人们知道的，已经得到利益之后，又想要得名；恐怕人不知的，又希望从名声中得到利益。所以说他们想获得利益的心都是一样的。推求到这里，为学是为了得到名声的人难道不惭愧吗？

——根据《近思录》整理

为学（六十三）

有少私意，便是不仁

“回也，其心三月不违仁”，只是无纤毫私意。有少私意，便是不仁。

——传统意义上的为学方法

张伯行在《近思录集解》中解释说：仁，是浑然一体的天理，无杂质、无间隔，孔子称颜回“三月不违仁”，乃指颜回克己复礼的功夫深厚，故颜子的心，越久越纯粹。所谓“不违”，只是私欲全都除尽后，内心没有丝毫牵累的意思。如果有少许的私意，内心之德就不纯粹了，就不是浑然的本体了，内心离仁就远了。这是非常重要的观点，虽然仁道很难表达。

朱熹先生评注讲：仁与心本来属于一物。被私欲一隔，心就会违背仁，于是心与仁便成了两物。私欲一旦消失，心与仁便不相违，就会合成一物。心犹如镜子，仁犹如镜中的光明。镜子本来是明亮的，被尘垢一遮蔽，就不明亮了。如果尘垢去除，那么镜子又会变得明亮了。

——根据《近思录》整理

为学（六十四）

仁者先难而后获

“仁者先难而后获”。有为而作，皆先获也。古人唯知为仁而已，今人皆先获也。

——传统意义上的为学方法

张伯行在《近思录集解》中解释说：这是根据《论语》里面“仁者先难而后获”这句话，而感叹今昔用功的不同。仁，是纯德。学者追求仁，先不论自己的水平怎么样，而是先要看看是怎样用功的。孔子讲“仁者先难而后获”，是讲仁人事先不考虑得失，只是按照事情当然的道理去做，绝不会有畏惧困难的意思。至于能得到什么效果，则放在以后再说，听任其自然自至，一点也不会生起计较的念头。如果有目的地去做，那么就会在做之前，先考虑能达到什么样的效果，再去下手，每一步都希望有所得，这就是所谓的先获。

朱熹先生评注讲：人只有一颗心，如果此心希望得到什么，那么对于所从事的事情必然会不够专注。又说：夫子将不畏惧困难去行事看作仁，又将先行事后得失看作崇高的德行。所以在这样的事上，如果有小的差错，则此心会失掉中正，即使有修德行仁的志向，谋利计功的私心也会滋长，那么仁因何而得呢？德因何而崇高呢？

——根据《近思录》整理

为学（六十五）

和擅长思考的人在一起

有求为圣人之志，然后可与共学；学而善思，然后可与适道；思而有所得，则可与立；立而化之，则可与权。

——传统意义上的为学方法

张伯行在《近思录集解》中解释说：为学最先要做的就是立志，而立志就要以圣人作为榜样。与有志于成为圣人的人共同学习，就会相互吸引着走向光明，而不至于沦落为品行卑污之人，所以必须找到这样的人，然后和他一起学习。大道必须经过深思才能通晓，而深思也必须是学者所擅长的，擅长思考则能够专注于所学，谨慎于所要做的。与这样的人一同归于道统，自然不会在学问上胡乱超越，还自以为高明，更不会半途而废，所以必须和擅长思考的人在一起，然后才可以真正归于道统。学者对所学能经常进行深入的思考，那么内心的力量就会每日增长，在为学上也逐渐有了功夫。然而圣人之道非常高深，如果不下苦功夫，是不会轻易有所得的。有的人由于没有所得，而内心无所依据，从而精神变得恍恍惚惚。唯有在为学上真正有所得，心中才会有主宰有定力，才能不被其他学说所迷惑，内心才能不被外界的诱惑所摇夺，这样的人则可以说是内心已建立起了自己的思想体系。如果内心已建立了思想体系，那么操守自然会稳固，而德行也自然会坚定。然而执着于所学却没有在心中消化，即使学进去了，也算不上最优。唯有在心中能将所学消化，也就是内心所持的是中庸的方法，遇事有所变通以做到事事适宜，在事情发生时能权衡轻重，从而决定如何利用，那么这种遇事时的变通就可以达到神妙的地步了，这就是圣人能做到的事。

——根据《近思录》整理

为学（六十六）

古之学者为己，其终至于成物

古之学者为己，其终至于成物；今之学者为物，其终至于丧己。

——传统意义上的为学方法

张伯行在《近思录集解》中解释说：为学是为了彻底实践发挥人的天命之性，而天命之性包含内心以及身外世界，贯通万物和我，也不会将任何一物遗漏。如果能得到性的真实之功，那么当自己成就时，万物也会一起成就；如果被不切实际的想法所驱使，丧失了自己的天性，那么万物也会一起丧失。所以古代的学者知道真实之功在于自己一身，于是在为学上努力不懈，务必穷尽天下之理，以能彻底实践发挥天命之性。最终的结果是，自己的性得到了彻底的实践发挥，万物的性也同样得到了彻底的实践发挥，于是就达到了成就万物，而万物各得其所的地步。现在的学者心浮气盛，每日被物所奴役也置之不顾，一心只想着如何工于权术，以在人世间争权夺利，那么最终功名也没有得到，而心术已迷，于是导致自己天性的丧失。这样的人，在天地之间也会感觉到自惭形秽的。

——*根据《近思录》整理*

为学（六十七）

君子之学必日新

君子之学必日新。日新者，日进也。不日新者必日退，未有不进而不退者。唯圣人之道无所进退，以其所造者极也。

——传统意义上的为学方法

张伯行在《近思录集解》中解释说：为学的目的，是必须要达到为学的最高成就，而这个成就的形成则是一个逐渐变化的过程，所以每月每年都会发生改变而达到不同的境界。故君子为学，必须刻苦努力，拔出陈旧的观念以迎来崭新的知识，使自己每日都有新的收获。能做到每日有收获的人，既然已经在为学的道路上前进，那么他的所见所闻就不会停留在过去的境界里了。然而为学的过程，没有中立这样的道理，因为念念不忘为学，自然会不断前进。如果不是每日都有所收获，那么心便是有了间断，私欲便会乘机来干扰，而人就会不是昏沉就是倦怠，这样必然导致退步。从来没有在半路上落下，还能站在原地不动不进也不退的。唯有圣人之道能做到仁至义尽，穷究事物的精妙之处，知晓事物的必然变化，内心之德又是纯之又纯。在圣人的层面，既不能说进，也自然不能说退，因为圣人的成就已经接近天理的极致了，所以为学固然期望能成为圣人那样的人，然而毕竟还是没有达到与圣人同等的境界，怎么能将每日学习之功给忘记呢？

——根据《近思录》整理

为学（六十八）

性静者可以为学

明道先生曰：性静者可以为学。

——传统意义上的为学方法

张伯行在《近思录集解》中解释说：天下的任何人，都可以为学。然而心性浮动之人，在心思上，既不容易学进去，也做不到专注，才气倦怠，也不易发挥出来。所以唯有天赋之性沉静的人，由于自上天得到之气较醇厚，所以容易发挥出自己的本性。盖静则会生明，从而能够发挥出人的体验观察功效；静则淡定，从而能够发挥出人的持守力量；静则从容，从而能使人得到很深的涵养。这些都是为学所需要的，具备了这些，故而可以为学。然而还不能做到静的人，就应当思考一下如何变化自己的气质；已经能够做到静的人，又应当好好涵养自己的本原。

朱熹先生评注讲：心不定，故不能见到理。如今要读书为学，首先必须使心安定，使之如止水，如明镜。灰暗的镜子如何能够照清物体呢？

——根据《近思录》整理

为学（六十九）

弘、毅相成

弘而不毅，则无规矩；毅而不弘，则隘陋。

——传统意义上的为学方法

张伯行在《近思录集解》中解释说：曾子有云“士不可以不弘毅”，弘、毅这两方面固然同等重要，殊不知，这两者还有相互维持的作用。盖弘，有包含一切之力量，然而如果没有严谨的心，那么就会好高骛远、浮夸自大，内心就废掉了安防检查，所以人就变得没了规矩。毅，代表强忍的力量，如果没有宽广的胸怀，那么坚定的品质就可能变得急迫，守持的品质就可能成为鄙吝，从而内心的规模就狭隘了，这样岂不是隘陋吗？所以这两方面是缺一不可的。

朱熹先生评注讲：做不到弘，内心便会急迫狭隘，不容物，只会安于卑陋。做不到毅，就会倾东倒西，虽然已经知道道理是这样的，然而既不能按道理去做，又不能守持这个道理；虽然知道道理上不能这样做，却又不能割舍。那么如何做呢？把不弘除去了，就是弘；把不毅除去了，便是毅。在这个地方必须把道理明明白白地看清楚。这个都要有我做主，要弘便弘，要毅便毅。

——根据《近思录》整理

为学（七十）

知性善以忠信为本

知性善以忠信为本，此先立其大者。

——传统意义上的为学方法

张伯行在《近思录集解》中解释说：人果真能够自暴自弃，都是由于不相信自己之性是善的，所以醉生梦死，甘愿虚过一生也不在乎，然而想要对治这种人的性情，而不寻找到主要问题，恐怕也无从下手，乃所谓不知做什么。唯有真正知道我所得的天之性本来就是纯粹至善的，自然不忍心自暴其身，以丧失我内心本来的美好，也不敢自弃其身，以辜负上天赋予的心意。因此要存心养性，求得那切实为了自己修养的功夫，就不如以忠信为主，然后能够以真实之心去做那真实之事，那么对自己的身心、对他人和对自己都可以说是无憾了。这就是孟子所说的“先立乎其大者”。盖人的内心建立起大本以后，所做的都是有用的功夫，功夫到时，自然能达到诚的极致而无妄念了，这样就能完全发挥出尽性至命的力量。当然，即使是功夫未到，也不会昧了自己的良心，也不会欺骗自己的心志，仍然不会失掉自己本然的真性。

——根据《近思录》整理

为学（七十二）

人安重则学坚固

伊川先生曰：人安重则学坚固。

——传统意义上的为学方法

张伯行在《近思录集解》中解释说：凡是人的表现是轻浮的，则可知此人气虚而见识不稳定，因此这样的人也会神散而导致操守不力。所以人能安静厚重，那么就会气充实而神完整，见识之力自然正确而不可动摇，所学也因此变得坚固。

朱熹先生评注讲：如果一个人言语简重，举动详缓，那么可知此人是厚重的。如果一个人言语轻率，举动轻佻放肆，那么可知此人是轻率的。

——*根据《近思录》整理*

为学（七十二）

学、问、思、辨、行乃学也

“博学之，审问之，慎思之，明辨之，笃行之。”五者废其一，非学也。

——传统意义上的为学方法

杨伯嵒在《泳斋近思录衍注》中解释说：学要广博，然而在广博的学习中不会没有疑问，所以必须要仔细地询问他人，询问后他人就会告知。然而这种方式只是在他人那里得来的，而并非真正是自己内心所得的，所以必须谨慎地加以思考，思考后才能真正有所得。而有时思考后所得的结果和询问的结果不一样，那么就不知道谁的对谁的错了，所以就应当明明白白辨别清楚。分辨清楚后，那么对的就是真对，错的就是真错，于是选择对的而切实地实行。这五项是君子必须要学的，偏废任何一项都不行。

——根据《近思录》整理

为学（七十三）

累高必自下

张思叔请问，其论或太高，伊川不答，良久曰："累高必自下。"

——传统意义上的为学方法

张伯行在《近思录集解》中解释说：学习不可以不按顺序，而向老师请教的问题则必须切合实际，这样才能称为善于学习。张思叔向伊川先生请教问题而所持的论点又太高，由此可知他的学习是不按正常顺序的，所问又不切合实际。如果根据他提出的论点而给他解答，他并不能够理解，这样恐怕会增加他的疑惑，如果将答案强加给他，又恐怕会增加他的狂妄之心，所以伊川先生没有回答。伊川先生之所以没有回答，这里面有张思叔所问不恰当的原因，如果他不改正缺点，他的问题终究无法解决，所以过了很久伊川先生才说："积累得再高，也必然自下开始。"揭示出天下最高的事物，都是从积累而成的，而且积累必然要有根基，根基则是从下开始的。

——根据《近思录》整理

为学（七十四）

循循不已，自有所至

明道先生曰：人之为学，忌先立标准。若循循不已，自有所至矣。

——传统意义上的为学方法

张伯行在《近思录集解》中解释说：这是希望学者循序渐进，最终有所成就。讲的是，人的为学固然是以圣人为榜样，以通晓道理为目标，然而人如果先建立一个表面的标准，则会生起快速达到这个标准的念头，踏踏实实学习的行为就可能被废掉。如果能循序渐进地广求学问，恪守礼法，将这个功夫保持不断，内心保持敬，渐渐地就会达到一定的目标。即使希望成为圣贤，也无不可，又何必用自己的私意而希望成为什么呢?

张绍价在《近思录解义》中解释说：好高的人，往往先建立一个标准。这样的人志向大，口气也大，动不动就说古人如何如何，然而他们的行为却不符合他们的志向，所以自高自大而最终一无所得。如果使用敬义知行的功夫，循序渐进，孜孜不倦，自然能够达到相应的目标，所以不必先建立一个标准。真正的以圣人为志，并非做模拟圣人表面言行的行为。善于使用博文的功夫，那么所知就会每日精深，而我就可以知道圣人之所知了。善于使用约礼的功夫，那么行为则会越来越纯熟，而我就可以行圣人之所行了。

——根据《近思录》整理

为学（七十五）

初学不宜读《大学》《西铭》

尹彦明见伊川后，半年，方得《大学》《西铭》看。

——传统意义上的为学方法

张伯行在《近思录集解》中解释说：《大学》明示的是内圣外王的方法，《西铭》通晓的是事亲事天的道理，这些内容，规模广大，意义精微，初学者见到后，未必都能理解其中的含义。所以告知说：有如此的天地大道，有如此的圣贤大公之心，然而如果心中没有主宰，思维不能达到精细，不光无法得到其中全部的纲领条目，无法通晓理一分殊的意义，而且还会启发人的好大之心、欲速之功，并且内心各种纠葛纷纷出现，那么最终什么也不会得到。所以尹焞刚来伊川先生这里学习时，先生暂时不让他读《大学》《西铭》二书，过了半年后才允许他学习。这期间尹焞在老师身上看到的，只是循规蹈矩，心要用敬来主宰，穷尽天下的义理，即使是义理多到没有边际；反身向内提高自己的修养，即使是永无停止之时。而知必然有其中的道理，一旦看过此二书，才知平时循序渐进地学习，只不过是为了获得这里面的道理，道理通晓后，就会将内外合一，将万物视为一体，而且自此以后再也不会小看自身了，所以学习者必须豁然猛醒，奋然精进。伊川先生就是这样循循善诱的。

——根据《近思录》整理

【备注】

“理一分殊”是中国宋明理学里讲“一理”与“万物”关系的重要命题，源于道家。道家认为“一”在直观上就显示出了与万物之“多”的对应关系。相对于宇宙中“万物的多”，“一”则是万物的“生成者”和“统一者”。宋明理学家采纳了道家思想，提出了“理一分殊”的命题。朱熹先生从本体论角度指出，总合天地万物的理，只是一个理，分开来，每个事物都各自有一个理。

为学（七十六）

无心不对，当是无私心

有人说无心。伊川曰："无心便不是，只当云无私心。"

——传统意义上的为学方法

张伯行在《近思录集解》中解释说：心是身的主宰，心具备众理而应万事。此身一刻无主，那么五官百骸都成了虚器，当遇上事时，身体一刻无主，那么表现出的行为就会违背事物的准则，所以人如何能无心呢？有的人说无心，不用问就可知是禅学。伊川先生随即辩驳说“无心便不对”。盖说无心的人，似乎是活泼而无滞碍地说出来，却不知，一旦说无心，便不是圣学了。这正是佛氏“无心意”“无受想”之说。如果是圣学，则会谈到心便有性，因为性是廓然大公的纯粹天理，所以能顺应万物，从而能彻底发挥此心的作用。那么又何曾有许多心？又怎能说无心呢？所以“只应当说无私心”而已。

张绍价评注讲：《大学》讲的是正心，不曾讲过无心。无心是断绝思虑，沦落于空寂的一种状态。孔子“从心所欲，不逾矩”，颜子心不违仁，只是无私心而已。无心，是禅学；无私心，是圣学。

——根据《近思录》整理

为学（七十七）

伊川直是会锻炼得人

谢显道见伊川，伊川曰：“近日事如何？”对曰：“天下何思何虑？”伊川曰：“是则是有此理，贤却发得太早在。”伊川直是会锻炼得人，说了又道，“恰好著工夫也。”

——传统意义上的为学方法

张伯行在《近思录集解》中解释说：谢显道是程子的门人，名良佐，上蔡人，平日有志于圣学，然而他所持的见解过高。他来拜见伊川先生，伊川先生想要他暴露出自己在为学上的弊病，从而有针对性地给予他解除弊病的药方，因而就问谢显道近日从事的为学功夫怎么样。谢显道根据自己的见解回答说：“天下的事任其自然，何必思虑这些来滋长自己内心的纷扰呢？”这也是真实见到的道就是如此，所以他引用《系辞》来表达自己的意思。然而义理精深、仁性纯熟之后，顺其自然，乃至诚状态下的无事。学习者在进学求道这个阶段时，如果用虚伪的话来说顺其自然，恐怕就类似于异端强加的概念了，故伊川先生告诫他说：“在道理上肯定是这样的，但是你说得太早了。”这分明也是圣人的言论，在道理上又何尝没有此等境界呢？但自己没有真正达到如此的境界，怎么能说出来呢？即使果真达到了这样的境界，这样的语言也不能说得太早啊！这就是所谓的“谈何容易”。

锻炼，好比说是陶铸，说的是伊川先生最擅长随时循循善诱，既能告诫谢显道话说得太早，又能乘机鞭策他下功夫，所以说“恰好著工夫”。盖上蔡也是在涵养方面露出些端倪，见到了无欲的微妙，但是没有踏实的功夫，后来终究会成为捕风捉影，所以告诫他不要轻易自足，又勉励他要及时踏实地学习，这样便能循序渐进地往上去。伊川先生如此不知厌烦地劝诫谢显道，也是希望他快速成就。

张绍价评注讲：天下的道理，皆是自然而然，何必过多思虑？谢显道这样说，可见对于道体，他是极有体会的，然而这也只是他的空虚之见，并不是真实的功夫，所以说他“发得太早在”。“恰好著工夫”，是为了抑制一下他过高的虚见，而教给他要使用下学的功夫，使之不至于内心莽荡空阔，无所依据。否则持空虚的见解而自高，势必会扫除念虑，抛弃事物，以学问思辨为糟粕，而以空洞洒落为天机，堕入禅学的无心境地而不自知。

——根据《近思录》整理

为学（七十八）

为学只怕人执着一边

谢显道云："昔伯淳教诲，只管着他言语。"伯淳曰："与贤说话，却似扶醉汉，救得一边，倒了一边。"只怕人执着一边。

——传统意义上的为学方法

张伯行在《近思录集解》中解释说：这是上蔡先生见地明了后，回忆当日受教之时，自己的所学难以消化，并叙述明道先生之言，以此来说明，明道先生善于启迪后学。学习者心中没有主见，一听闻警诫便把持不定，东倒西撞，真是无可奈何。往往言语支支吾吾地逃避，多执着于闲话。譬如酒醉之人，颠三倒四，才扶起这边，又倒向那边，已经不自在了，犹自装作没事，怕人来扶持。这样的情景真让人觉得可笑。谢显道接受明道先生的教导，认为学习只要遵循着字面意思就行，而明道先生用醉汉来形容他。谢显道时至今日还能回忆起先生的言语，他当时在明道先生的教导下猛然醒悟，虽然过去的时间已经很久了，但是这一直是他在为学上的力量来源。所以学习者不可执着，这样道理才会中正。

张绍价在《近思录解义》中解释说：认为天下事没有什么可思虑的，当达到这种境界时，却不使用踏踏实实的为学功夫，那么此人就会执着于一边了。教人最难，听人教导也最难。教人者往往是对症下药，学习者有时反而会因药而生病。因为学习者的认识出现了偏差，所以教人者才救之，但是学习者有时不是偏于此，就是偏于彼，就如扶着酒醉之人，救东倒西。这是学习者的通病。认识到圣人大中至正之道，善于使用知行并进、敬义夹持的功夫，或许就不会偏于一边了吧！

——根据《近思录》整理

为学（七十九）

君子唯有尽到崇德的功夫

横渠先生曰“精义入神”，事豫吾内，求利吾外也；“利用安身”，素利吾外，致养吾内也。“穷神知化”，乃养盛自至，非思勉之能强。故崇德而外，君子未或致知也。

——传统意义上的为学方法

叶采在《近思录集解》中解释说：投入精力去研读义理，长时间坚持，就会达到神妙至极的地步，这是知的作用。事物的道理平时都安定于人的内心，如果将这些道理作用于外，那么外在事物就没有不顺利的；事物顺利，就可以有安定自身行为的功效。内心的道理所产生的作用既然能使外在的事物顺利，则顺利的外在事物又返回来滋养内心而使之更加深厚。这就是说内外有交互滋养的作用，而知与行有相互资助的作用。

张伯行在《近思录集解》中解释说：这是讲内外交相滋养、互相发明，以阐明《系辞》里所讲的为学自然之机。天下之理，本无内外，所以为学的方法离不开屈伸的作用。《易》曰“精义入神”，讲的是对义理研究得精深，就可以达到神妙至极的地步，这就可以称为屈的作用。凡是收敛其精神，进行深刻思考，让义理平时就安定于内心，那么用于指导自身的行为，无不顺应各自的道理而绰绰有余。如此才是利于我的。那么伸是什么呢？又说“利用安身”，乃指利于推行事理，使我自身适宜而安定，就可以称为伸。对于身外发生的方方面面的事情，能够从容而恬淡地适应，那么我内心之德就会越来越感觉到光明，而内心每日都能得以休养，这就达到了滋养我内心的目的了，这些就是伸的天机。然而如果守持一颗空寂之心，而无法使自身得以利用，这就是鄙弃外部世界，所以并不是所谓的学。如果追求身外之物，从而就不足以养心，这就是鄙弃内心，也不是所谓的学。

精义利用，交相滋养，互相发明，这样每日都会进步。至于穷极神妙之理后的无穷变化，深知化育天机的不可计数，乃德行充养盛大后纯熟自至，岂是勤于思考而自己努力就能达到的呢？这就是《易》所说的“德之盛也”。然而盛德所达到的神化，总是由于精义利用的天机作用，所以君子唯有尽到崇德的功夫，而除此以外，不要刻意去求知，以生出希求的妄念。故《易》又言“过此以往，未之或知也”，说的是不至者是屈的意思，自至者是伸的意思。为学之道，难道不是屈伸的自然吗？

朱熹先生评注讲：“事豫吾内”，事未至而先知其理，称为豫。

——根据《近思录》整理

为学（八十）

天地之性与气质之性

形而后有气质之性，善反之则天地之性存焉。故气质之性，君子有弗性者焉。

——传统意义上的为学方法

叶采在《近思录集解》中解释说：由于天命的流行作用，赋予了万物生命而成为性，此性本来就不存在不善，所以是天地之性。万物形体的形成是由于气的聚集作用，那么天地之性就被气质所束缚，于是就有了纯驳、偏正的差异，也就是所谓的气质之性。然而人能够通过善道来自我反省，这样天地之性会重新回来。所以气质之性，君子不认为是性，盖君子不会顺从于气质的偏性，一定要恢复自身本然的天地之性。孟子说“人无有不善”，就是这个意思。朱子曰：天地之性专指理而言，气质之性则以理杂气而言。又曰：性譬之水，本皆清也，以净器盛之则清，以不净之器盛之则臭，以污于泥之器盛之则浊。本然之清未尝不在。

张伯行在《近思录集解》中解释说：形，指的是形体。得天地之气生成有质的生命，所以称为气质。性只是理而已，万物既已生成形体，而理也就被赋予到万物各自的生命之中而成了性。万物既然有了气质，而性也不能离开，于是就有了形质之性，即程子所谓的兼气质。人虽然不能没有气质之性，但是天地之性仍然是我的真正之性。只是由于气质有偏，所以天地之性也随之而消失。故自己必须要深深地磨炼，使偏的归于正，然后人的私欲才会去除，天理才会得以显现，那么天地之性自然会存于我心。气质虽然是我所有，然而气质之性是不能依靠的，君子最终也不敢认为这就是我之性，而去顺从气质的偏性，来毁灭天地的正性。所以希望变化气质的人，要将恢复天地之性作为要务。

——根据《近思录》整理

为学（八十二）

穷理尽性，则性天德，命天理

德不胜气，性命于气；德胜其气，性命于德。穷理尽性，则性天德，命天理。气之不可变者，独死生修夭而已。

——传统意义上的为学方法

茅星来在《近思录集注》中解释说：德不能胜过气，那么气就会成为主宰，而性命就都是气。德能胜过气，那么德就会成为主宰，而性命也就全都是德。朱子曰："性命于气"，是指性命如果由气决定，那么性就是不完整的，命也不能顺其自然。"性命于德"，是指性命都由德决定，那么性就是一个完整的天德，命也能顺应天命。

叶采在《近思录集解》中解释说：穷究万物之理而彻底实践发挥自己的本性，这乃学问中最大的功夫。如果为学达到了这种程度，那些品质低劣的人也会被改变，从而也能达到与天地浑然化一的境地；如果义理得到发扬光大，所有赋予万物的性，即是天之德，所有赋予万物的命，即是天之理，这样的话，难道还会被气质所束缚吗？唯独人的生死寿夭是因为人接受上天的气都有一定的定数，所以无法改变。

张伯行在《近思录集解》中解释说：人的性命是由天决定的，出于天的无为。人的德行成功与否则在于人自己，因为人可以通过自己的努力来实现。如果人不能修养德行，自己的本性就难以坚定，就会被血气所支配，而德就不足以胜过气。如果是这样，那么我自身所接受的，和上天所赋予的，就被气所掌控了，从而全身上下都是气在起作用。但是，如果成就了自己的德行，那么义理就会极其充盈，而自身的血气也会退让顺从，德就会胜过气。如果是这样，我自身所接受的，与上天所赋予的，就皆由德掌控了，而全身上下也都是德在起作用。所以穷尽天下之理，彻底实践发挥人的本性，我所接受的都是天之德，而上天所赋予我的都是天之理，于是自己就真正成了有德之人。至此，人的气质也已经被改变了，所不变的只有人的生死寿夭，因为这是气的定数，是无法改变的。

——根据《近思录》整理

为学（八十二）

领恶而全好者，其必由学乎

莫非天也，阳明胜则德性用，阴浊胜则物欲行。领恶而全好者，其必由学乎！

——传统意义上的为学方法

张伯行在《近思录集解》中解释说：理与气都是上天赋予的，故曰“莫非天也”。理足则阳明胜，而德行就起作用，所以自己的道德境界就会越来越高明。气偏则阴浊胜，从而就会造成物欲肆行，自己的道德境界就会越来越低下。人的德行起作用，志向就会高洁，行为就会流芳，这样的善，天下还有谁能超过呢？如果自己执着于物欲而又放肆地追逐，那么精神就会昏暗，行为就会危险，这样的恶，天下还有比它更严重的吗？无法对治这种恶，那么人终将会变为恶；无法亲身实践这样的善，那么人也终将难以得到其中的益处。对治恶，实践善，唯有为学这一条路而已。盖为学则会格物致知，从而得以知晓隐含在事物中的道理，防止邪恶念头产生，以达到内心留诚去除私欲的目的。气质的变化其实就在于此。经过这样的为学，内心就会在安静时有一颗虚心，在行动时有一颗正直之心，清明而纯粹，真正成为与天一样。

张习孔在《近思录传》中解释说：领，是管辖的意思。管辖物欲的恶，然而却没有方法去实行；全面恢复德行，而能彻底发挥德行的作用，也都是需要方法的，所以这些都必然要通过为学。

——根据《近思录》整理

为学（八十三）

天大无外，故有外之心，不足以合天心

大其心则能体天下之物。物有未体，则心为有外。世人之心，止于见闻之狭。圣人尽性，不以见闻梏其心，其视天下无一物非我。孟子谓尽心则知性知天以此。天大无外，故有外之心，不足以合天心。

——传统意义上的为学方法

张伯行在《近思录集解》中解释说：万物都存在于我心，所以心能具众

理而应万事。自心本来就是最大的，何况天下万物都是由于真实之理的作用而形成的，岂能出于我心呢？然而自己必须一点私意都不存，使此心廓然大公，才能进入事物之中，体认其中的道理。如果没有体认事物的道理，那么物就会与心隔绝，从而就会认为心外有物。世人的心被私欲蔽塞，故内心与物相互抵触，人只能在自己的所见所闻中了解自心，非常狭隘啊！唯有圣人能彻底实践发挥天理，觉悟本性中所蕴藏的道理，发现无一不是与天下之物相通的。世人原本就不是依靠推测来了解内心的，而是靠着见闻来了解的，所以人不能根据自己的见闻来桎梏和限制自己的心量，而应该视天下之大，实在是没有一物不是在我性中的，即没有一物不是我，那么如此的至大之心怎么会有外呢？

人心与天是一致的，圣人尽性便是尽心，尽心便可以与天合。孟子所说的尽心则知性知天的意思也是如此。盖尽此心之量，对于所具有的理就会非常清晰地显现而不会有丝毫遮蔽，那么由此可以推测出我们行为的源头。天大无外，那么心也无外，所以认为心外有物之心，与天实在是不一样，怎么够得上合天心呢？盖人即是天心，心不能像天那么大，就不应当是人。那些不能“体万物而不遗”之人，奈何是把自己看小了。

——*根据《近思录》整理*

为学（八十四）

圣人绝对没有『意必固我』的牵累

仲尼绝四，自始学至成德，竭两端之教也。意有思也，必有待也，固不化也，我有方也。四者有一焉，则与天地为不相似矣。

——传统意义上的为学方法

张伯行在《近思录集解》中解释说：这是横渠先生体会圣人的身教之妙。“意必固我”这四项，是一般的情理。学习者从开始为学到成就德行，都不可有这四种拖累。两端，犹如说两头，这四者常常互为终始，前后里外都不容易清除干净。唯有圣人内在是浑然的天理，绝对没有“意必固我”的牵累，自开始为学一直到成就德行，圣人直接是以身作则，不管是大事小事，前前后后的弊病，他都会逐一地指示出来，竭尽全力做好教导而毫无保留。所谓“叩两端而竭”，据此可以想象（夫子会用正反、内外、前后等两方面反复说明，而竭力教导学生）。盖“意必”常常在事前，“固我”常常在事后。意，是应事接物，先进行计较，这就是有思。必，是事先打算，做时就要如此，这就是有待。固，是固守成见，执着而不变，这就是不化。我，是顾及自己的地位，强调自我，这就是有方（方，限隔的意思）。

张绍价评注讲：心之所以不能大，乃由于意必固我的拖累。张载先生用“毋”字作为禁止之辞，从开始为学的勉强禁绝，到成德之后的自然禁绝，都和这四者有关，故曰“竭两端之教”。天地至大而无外，意必固我，四者有其一，则不能与天地同其大，故不可以不禁绝。如何禁绝呢？唯有敬与义，敬以直内，义以方外。以大公之心顺应万事，或许就没有这四者的拖累。圣人不需要禁绝，因为其本身就没有四者的拖累，也就没有所谓的毅了，也就不需要加以毅力了。学习者勉强禁绝，非持有毅力不可。

——根据《近思录》整理

为学（八十五）

上达返回天理，下达遵循人的欲望

上达反天理，下达徇人欲者欤！

——传统意义上的为学方法

张伯行在《近思录集解》中解释说：达只是向前直去的意思，上达是向上去，乃重新返回天理的意思。天理清明，上升之象，遵循天理，则一日比一日通达，在为学前进的路上不能停止，这样就能达到极致的高明。下达是向下去，乃遵循着人的欲望。人欲重浊，是下坠之象，欲望多则会一日比一日沉迷，流连忘返，最终就会流落于卑污的下等人生。这是君子与小人的区别，所以有天壤之别。

——*根据《近思录》整理*

为学（八十六）

故知礼成性而道义出

知崇天也，形而上也。通昼夜而知，其知崇矣。知及之，而不以礼性之，非己有也。故知礼成性而道义出，如天地位而《易》行。

——传统意义上的为学方法

叶采在《近思录集解》中解释说：此说见于《系辞》。人如果能通晓昼夜、阴阳的变化，那么其人的智则是高崇的，所以人要效法天。人又能守持品节以成事物之礼，那么人的本性就能得以成就，所以人要效法地。智、礼相互凭借而成就人的本性，所以道义就会从本性中流出，犹如天地定位后而易之理行在其间。

张伯行在《近思录集解》中解释说：《易》讲“知崇”“礼卑”。知崇，是指穷究义理，那么就会见识高明，这样的见识每日提高，几乎就能达到天的高度了，这是形而上之象。如何说才代表着崇呢？就如《易》里面讲“通乎昼夜之道而知”。这样研究蕴藏在事物之中的道理，已经能够通晓阴阳、动静的规律了，才能明白幽明、终始，从而知道其中的精微之处，这种知可以说是崇。然而有了这样的知还不能通过礼来实行，使中正存在自身就如出自本来的天性，那么这样的知还不能属于自己。这就是《易》所讲的，“知崇”之后就要“礼卑”。而孔子讲到知时，也说“不以礼，未善也”。所以人能够知得高明，礼得安定，来成就自己的本性，那么就会知行并进，天下的道义都从此中出来。比如天高地下，而阴阳之理流行。这就是《易》讲的“天地设位，而易行乎其中”“成性存存，道义之门”也。盖知崇如天，礼卑如地，道义如阴阳，这些本来就是一个理。

——根据《近思录》整理

为学（八十七）

困之进人也

困之进人也，为德辨，为感速。孟子谓“人之有德慧术知者，恒存乎疢疾”以此。

——传统意义上的为学方法

张伯行在《近思录集解》中解释说：这是结合《易》与孟子之言，来说明人处于困境，可以增进自己的德行。辨，辨别的意思。大抵人在困厄的环境下，能够激发自己的感悟，所以在困境之中，人的德行、学问最容易进益。《易》

曰“困，德之辨也”，讲的是人处于困境时，忧深虑远，对吉凶时机的把握必然非常精准，而又谨慎地保持对险阻忧虑之事的预判。用心刻苦则会穷尽所学而能通达，用力牢固则会千锤百炼而能机敏，所以为德辨，为感速，实在不是欺骗之言。孟子说过的“人之有德慧术知者，恒存乎疢疾”，也是这个意思。盖人的德行所以灵慧，遇事操作的手段所以多智，常常在人遇到灾患之时。这样的人，他的高明来自他本人的刻苦，而见识却来自他成长的艰难，所以德行不会由于其曲折的经历而出现问题，慧不会狭小，术不至于生疏，智不流于穿凿附会。凡是这些都是因困境而使人进步的，这就是孟子的思想深深契合《易》啊！

——根据《近思录》整理

为学（八十八）

君子六法

言有教，动有法；昼有为，宵有得；息有养，瞬有存。

——传统意义上的为学方法

叶采在《近思录集解》中解释说：不是先王的教言就不敢讲，这就是言有教；不是先王的德行就不敢做，这就是动有法；终日乾乾，是白天有所作为；夜气所养，是晚上有所得；气之出入为息，一息而必有所养；目之开合为瞬，一瞬而必有所存。这就是说，君子无论在哪里，无论在何时，都要善于学。

张伯行在《近思录集解》中解释说：君子从自己一身乃至于一日一刻，都应当保持内心的省察，不要间断，然后才能不断地进步，以达到圣贤为学的境地。故从自身而论，不能无言，言则必须关乎世道人心，然后才能有教化的作用。不能没有行动，行动则必须合乎规矩准绳，而后才能说是有法度。从一天而论，白天必然要做事，那么在白天就应该勤奋用功而有所作为，就是“终日乾乾”的意思。不可将夜晚荒废，在夜晚必须澄净自己的思虑，来看看自己一天是否有所得，就是夕惕若厉的意思。心思一定要缜密之后再缜密，就比如在一息之间使道义都不能离开自心，在一瞬之间天理就会自觉常存，所有这些行为，即便是在极短的时间内也不去违背，即使是在一举一动之间，言行也要忠信笃敬，故而这样做也不为过。学习者用功，不该如此吗？

——根据《近思录》整理

为学（八十九）

《西铭》与《东铭》

横渠先生作《订顽》曰：乾称父，坤称母。予兹藐焉，乃混然中处。故天地之塞，吾其体；天地之帅，吾其性。民吾同胞，物吾与也。大君者，吾父母宗子；其大臣，宗子之家相也。尊高年，所以长其长；慈孤弱，所以幼其幼。圣，其合德；贤，其秀也。凡天下疲癃残疾、茕独鳏寡，皆吾兄弟之颠连而无告者也。于时保之，子之翼也；乐且不忧，纯乎孝者也。违曰悖德，害仁曰贼；济恶者不才；其践形，惟肖者也。知化则善述其事，穷神则善继其志。不愧屋漏为无忝，存心养性为匪懈。恶旨酒，崇伯子之顾养；育英才，颍封人之锡类。不弛劳而底豫，舜其功也；无所逃而待烹，申生其恭也。体其受而归全者，参乎！勇于从而顺令者，伯奇也。富贵福泽，将厚吾之生也；贫贱忧戚，庸玉汝于成也。存，吾顺事；没，吾宁也。

又作《砭愚》曰：戏言出于思也，戏动作于谋也。发于声，见乎四支，谓非己心，不明也。欲人无己疑，不能也。过言非心也，过动非诚也。失于声，缪迷其四体，谓己当然，自诬也。欲他人己从，诬人也。或者谓出于心者，归咎为己戏；失于思者，自诬为己诚。不知戒其出汝者，归咎其不出汝者。长傲且遂非，不智孰甚焉？

——传统意义上的为学方法

横渠先生作《订顽》，大意如下：乾为天，称为父；坤为地，称为母。在天地间非常渺小的我，处于其中，与天地父母浑然一体。人的身体来自充满天地间的阴阳五行之气，天地运行所遵循的天理就是我之性。因此，天下万民都是我的同胞，而天下万物也都与我一体。天子，犹如是天地父母的嫡长子；大臣，就是辅助天子的管理者。国家提倡尊敬年老之人，那么天下的年老之人都会得到尊重；国家提倡慈爱孤儿以及幼小无依者，那么普天之下的孤幼都会被温柔以待。自己的德行与天地的德行相合的人，是圣人；才德优秀的人，是贤人。普天之下，那些年迈残疾、鳏寡孤独，颠沛流离，处于困苦之中而又无依无助的人，都是我们的兄弟姐妹。子女对待父母就如同对待上天一样，因为畏惧上天之威，为了自我保护，所以小心翼翼地对待上天，对父母也是如此，这是敬亲的极致。《易》曰“乐天知命，故不忧”，意思是安于自己的处境，由命运来安排，所以无忧，这就是爱亲之情极其纯粹。不遵循天理而遵循人欲的、不爱自己的亲人而爱他人的，称之为悖德。戕灭天理，自我断绝根本的。贼杀自己的亲人，大逆不道的，称之为贼。长期作恶，不肯悔改，不愿接受教育的人，他凶残的名声世代流传，更是扩大了其恶名，所以称为不才。如果人能彻底实践发挥自己的本性，据此指导人的行为，那么就会与天地相似而不相违背了，所以称为肖。圣人知晓天地的变化之道，那么他的行为都是天地之事；圣人通达神明之德，那么他所存的也都是天地之心。事天者，上不愧对天，下不愧对人，那么就不会辱没天地了。事天者，存其心、养其性，则对事天之事就不会松懈。喜好饮酒而不顾及父母的辛苦养育，就是不孝。所以遏制人欲，就应如同帝禹厌恶美酒，这就是事天的极致。他人与我同出自天地，我能尽孝，也希望他人能尽孝，所以乐得英才而教育之，就如颍考叔能以孝道影响郑庄公，所以说，孝子的孝没有穷尽，永远会想把孝心分给与他同类的人。人的事天之道，如果能使天心快乐顺遂，那么则与舜尽事亲之道，而使其父亲瞽瞍得到快乐的功效是一样的。事天者，必须修养自身以等待上天的安排，就如事亲者，不等父母开口就能顺父母的心意去做，而不敢违背。事天之道，如果能奉行安于命运，那么与申生被谗言所害，不想逃避而等待被杀，其恭敬心都是一样的。父母生下我们完整的身体，我们将来也要将完整的身体归还给天地父母，这就可称为孝；不使自己的身体有亏缺，不辱没父母，这样可谓是完整的孝了，曾子就做到了。人知天地之命难以改变，就应当不违背天地的气数，这又是“父母于子，东西南北，唯命是从”的意思。不见那履霜鼓琴服从父亲之令的尹伯奇吗？伯奇事亲就是如此。人能于吉凶祸福之中，勇于决定听从而顺受命运的安排，则又是一个事天的伯奇。人能忘记自己的遭遇而事天，则可见上天对待我，无非是父母之心。富贵福泽，任人自取，无非是为了饱暖和安乐舒适，然而上天必然会为他的儿子考虑，所以这样的福泽，岂能是上天以私心送给我的呢？故上天厚待我的生命，是为了使之为善，而不是为了养我的骄气。贫贱忧戚，即使是伟人也无法避免，这些无异于艰难苛责，希望儿子能轻松一些然而却不能，这岂能是上天用私心来困住我？盖玉必须经过雕琢才能成器，给予一个人混乱是为了增益他的修养，而使之劳苦则是为了成全他的仁爱。所以事天的君子，得志则将利益体现在万民身上，不得志则修养自身于世间，就是所谓的“父母爱之，喜而不忘；父母恶之，劳而不怨”的意思。孝子事亲，自身存在则顺应父母而承事，心与身体的行为一致，而不敢有所违背。自身不存在了，则将此身返还给天地父母，而我的内心是安宁的。能成为上天的儿子，没有辱没上天之所生。仁德之人事天，自身存在则顺应上天而承事，和天理相通而没有任何违逆；自身不存在了，那么我的心性也是安宁的，可以说是为人无愧于天地。学者真诚地存有此心，则知渺小的此身，生也自然而来，死也没有所负。天下一家，万物一体，精心去追求，最终都归于天德，推而大之，无非王道。卓然仿效天地并能参与调节人与天地自然的关系，天地以我为孝子；安然继承那美好的事业，父母也高兴看我为仁人。

明道先生讲：《订顽》里面所讲内容，意义非常纯粹没有杂质，自秦汉以来，学者都没有达到如此高的境地。又说：《订顽》这篇文章的思想，意义极其完备，讲的就是仁之体。学者能够体悟此中的意思，让自已有真实所得，那么为学的见地就已经很高了。到了这样的地步，自然是有自己独特的思想，但是不可过高追求极远的境地，因为恐怕对于天道的理解没有补益。仁者本来就将天地万物视为一体，学者必须用自身来体会这个意思，真实地为我所有，那么这样的见解就很高了，达到这样的真知并去实践，则自然能见到本体之妙。如果不能体认而只是追求高远，又有什么益处呢？又说：《订顽》从头到尾所讲，都是直接从源头上说的，读完后能够觉知万物一体，绝对没有隔阂，这样的心已经达到了天德。又说：游酢得到《西铭》后进行阅读，心中的疑惑即刻涣然冰释，没有丝毫违逆，说这是《中庸》的道理，能在语言之外求得。《中庸》的思想来自天命之性，中是性的本体，和是性的作用，致中和以至于天地位焉、万物育焉，实则是源于天命的本然。《西铭》认为，人物的出生都是接受上天之气以成为各自的身体，同具天理以成为各自之性；万物虽然有差异，而本原却是一个。现在能一视同仁的人，也是彻底实践发挥自己的本性来完成天命的本然，这就是中庸之理。杨中立问：《西铭》说的是体而不提及用，恐怕会流向兼爱的学说，是这样吗？伊川先生讲：横渠的学说，虽然有过高的论述，但是《西铭》却是在《正蒙》书中。《西铭》这篇文章，推理以存义，扩展了以前圣贤所未提及的理论，与孟子的性善学说、养气之论具有同等的功效，岂是墨氏所能比的呢？（叶采说：《西铭》阐明的是理一而分殊，墨氏则是二本而无分。老吾老，以及人之老；幼吾幼，以及人之幼，是理一。没有分别的爱，是本二。《西铭》以天地为父母，万物为同体，是理一。然而贵贱、亲疏、上下各有适宜的等级层次来加以制约，这是分殊。像墨氏惑于兼爱，那么就会随便施与而没有了等级区别，对待父母犹如对待路人，这就是亲疏并立而成了两个根本。）只知道分殊而不知道理一，这是被遮蔽了，私心胜过了公心，就会失去公心之爱这个道理；只知道理一而不知分殊，那么产生的过失，就是兼爱的情胜，从而就会失掉适当的施爱。分立而推其理之一，则会没有私胜的弊端，这就是仁的方法，《西铭》的理论就是如此。没有差别地给予他人爱心，是被兼爱所迷惑，那么这种行为的极致也会导致无父理论的形成，这是害义之贼，墨氏就是这样的。所以你（杨中立）把二者相比，认为它们是一样的，这是不对的，况且横渠是想使人推广而实行，这本就是用，反而说不是用，不是奇怪吗？

又作《砭愚》说：人说出戏谑的语言，必然是在认真思考之后；人做出戏谑的举动，也必然是内心经过谋划以后的。自己说出的语言以及见于四肢的动作，如果说不是自己内心决定的，这肯定是不明智的人，想要人不怀疑自己，是不可能的。过分的语言并非出自自己的本心，过分的动作并非出自自己的真诚。如果自己的语言有过失，行为有错误，还坚持说自己应该如此，这就是自己诬陷自己；希望他人顺从自己，就是诬陷他人。或者是把自己有心造成的过失归咎为自己的戏谑之言，把自己缺乏思考造成的过失当作诚心。对经过内心思考谋划的戏谑语言和行为不知警戒，反而把戏谑的语言和行为归咎为真诚的无妄之心。这样就助长了人的傲气且造成了人的过错，不知有什么比戏谑的语言、行为造成的危害更严重的了。（这一节是《正蒙·乾称篇》的末段，横渠先生将它书写于东窗，题作《砭愚》。伊川先生改为《东铭》。朱熹先生说：横渠学习能力相当惊人，尤其勇于改正自己的错误，唯独认为戏谑之言行无伤大雅。一日忽然说：人的过失还有的是出于自己的不知而造成的，至于戏谑的言行，则都是有心而为之的，这样为害尤其严重。于是作了《东铭》。此篇是专门为戏谑不庄重的言行容易造成危害而发的。砭，救治的意思。）

——根据《近思录》整理

【备注】

横渠学堂的窗户上，右窗书写了《订顽》，左窗书写了《砭愚》。伊川先生说容易引起争端，于是改《订顽》为《西铭》，改《砭愚》为《东铭》。

为学（九十）

厚重、知学、急贤、改过

将修己，必先厚重以自持。厚重知学，德乃进而不固矣。忠信进德，惟尚友而急贤。欲胜己者亲，无如改过之不吝。

——传统意义上的为学方法

叶采在《近思录集解》中解释说：君子要提高自己的修养，必然是将厚重作为根本，倘若轻浮则没有了受道的根基。然而只是追求厚重而不知为学，那么德行也会固滞不前。要增进德行必须以忠信为主，而获得辅助忠信的方法，就是尽快交往胜过自己的贤人。但有时人不愿意改过，那么也就无法开展善的行为，贤者也不会亲近我了。

张绍价评注讲：能够修养自己德行的人，没有戏谑的语言和行为，那么就能够厚重以自持。厚重的品格再加上乐于为学，那么闻见就会广博，由此就可以达到内心的知更加明了，自身的德行就会增进而不会浅陋。有益的朋友是可以辅助我内心之仁的，通过彼此的相互观察而发现对方的美好，那么就会每日增进自己的真诚，德行就会每日得到修养，所以说“忠信进德，惟尚友而急贤”。勇于改过，那么那些正直诚信、见闻广博的士人就乐于和我为友，故说“欲胜己者亲，无如改过之不吝”。用敬意来主宰内心，则能使自己变得厚重；内心变得更加明了，则在为学上就不会鄙陋。在义方面最适宜的行为是尊贤，自己真实的行为要不吝于改过。

——根据《近思录》整理

为学（九十一）

吾辈不及古人，病源何在

横渠先生谓范巽之曰：“吾辈不及古人，病源何在？”巽之请问。先生曰：“此非难悟。设此语者，盖欲学者存意之不忘，庶游心浸熟，有一日脱然如大寐之得醒耳。”

——传统意义上的为学方法

张伯行在《近思录集解》中解释说：巽之，名育，横渠先生的门人。学习者就怕在为学方面终日悠闲而不深入又没有警觉，所以横渠先生拿“吾辈不及古人，病源何在？”这句话来问巽之，巽之并没有领悟其中的含义，故再次请问。其中的意思是说，现代的学者在为学方面比不上古人，这是现代人的病根，至于是为什么，一时间又难以理解，故横渠先生告诉他这个也不是很难悟。先生之所以说此话，是希望学习者在为学上，将比不上古人的念头时时存在心里而不要忘记，自然能心神倾注在为学上而时时省察，这样积累的时间久了，就会浸灌纯熟，必然会在某一天将这个病根去掉，就如在沉睡之中，不经意间就会忽然醒来，并非现在便要苦求所谓的病根。

张绍价评注讲：我辈之所以不及古人，多是因为将古人看得过高，认为古人不可企及，认为自已卑小，安于这种顽固的心而不知怎样求仁，安于自已的愚昧而不知怎样改过，甘心居于人下，绝对没有愧疚羞耻之心，这种病根常在，无药可医。孟子说：“舜是人，我也是人。舜能成为天下的榜样，可以流传于后世，我还不免就是一个俗人，这是我所忧虑的。”学者常因为在为学上比不上古人而忧，将这个念头存在心意间而不忘，那么则会激昂奋发；不安于顽愚，必勇于增进自己的德行，也必勇于改正自己的过错，这样或许“有一日脱然如大寐之得醒耳”。

——根据《近思录》整理

为学（九十二）

为学当顺着自己的志向，务必时时勤敏努力地用功

未知立心，恶思多之致疑；既知所立，恶讲治之不精。讲治之思，莫非术内，虽勤而何厌！所以急于可欲者，求立吾心于不疑之地，然后若决江河以利吾往。逊此志，务时敏，厥修乃来，故虽仲尼之才之美，然且敏以求之。今持不逮之资，而欲徐徐以听其自适，非所闻也。

——传统意义上的为学方法

张伯行在《近思录集解》中解释说：学习者没有建立内心的方向，而广泛地使用自己的思维，则各种思绪就会纷至沓来，这样反而容易导致自己的疑惑。故此时应该首先建立内心的方向，而不要过多地思维，以免成为自己的拖累。既然知道了建立内心的方向，但只是听一些如何克治的故事，那么由于这些故事内容粗疏，所以不免使人忧虑，因为人从这些故事中是不能获得精微义理的，故而此时更应该追求深刻精细的义理，而厌恶舍弃那种浅显粗略的对治方法。至于讲解对治的功夫以及思维很多，都是我学术分内的事，这些是需要不间断做的事情，既然是无法废除的，何必要厌恶呢？我们首先要明白君子的为学是怎样的，知道他们的为学都有想要用功的地方，而最急于做到的，则是追求志向的坚定以及明明白白，将内心建立在没有怀疑的地方，这样自然就没有对过多思维的厌恶了，然后沉潜在讲治中，悠闲满足，所得的将会十分丰富。就像决堤的江河，畅达流行，任我所往，于是内心所疑，无不冰释理顺，而讲治也不会厌恶讲得不精了。如此，才是君子所贵重的，并非不能讲解对治以及过多思维。《尚书》讲，学求逊志，“务时敏，厥修乃来”，意思是为学当顺着自己的志向，务必时时勤敏努力地用功，这样我们的修养、我们的为学才会增进，各种义理自然也会前来在内心相会。逊志，是内心已建立了方向；时敏，是讲治的功夫。立志讲学自古以来就很受重视，所以即使孔夫子以圣人的才能与美德，也还必须诚心诚意地去对待。如今的人凭借着一般的资质却想要不思不讲，慢慢地听任其德业自至，我是从来没有听说过的。盖厌恶思多与讲治的人，厌恶的是思多与讲治不精，并非厌恶讲治而致思。

杨伯嵒先生评注：东莱先生说，为学之初，首先要虚心下气，才能接受天下之善。既要顺从自己的志向，又必须孜孜不倦，从早到晚，出入起居，梦觉动静，这些都是天命在流行。倘若一时不修，则天命已不流行了。既能顺从自己的志向，又时时敏于学习，则自己的所修每日都会进步。就如井里面的泉水，越是汲取得多，越是生出得多。那么人一旦到了日新又新的境地，仔细观来就会发现，人的内心之德，有源源自生的意思。

——*根据《近思录》整理*

为学（九十三）

人能弘善

明善为本，固执之乃立，扩充之则大，易视之则小，在人能弘之而已。

——传统意义上的为学方法

张伯行在《近思录集解》中解释说：这是横渠先生结合《中庸》《孟子》《论语》之言，来说明为学的功效。为学贵在知行并进，这样才可以将道的全部力量实践发挥出来，而入手必从知开始，所以一定要首先明白至善的含义及所在，然后自己奋发努力，以求达到至善这个境地，这就是说只有明白了至善，才是为学的根本。对至善明了后，则必须坚定地守持这个观念，如此内心之德才会扎根而不移。对至善守持牢固之后，则必须将至善的理念推广而扩充，这样内心的德行才能光大而不狭隘。如果忽视至善而认为其不重要，便是没有明白至善的深层含义，那么自己的见解也不过就是卑微狭隘的，这样的人就不值得给他谈论广大的道。由知而行，由行而大，这样就能彻底实践发挥道的全体，而这样的功夫却不可以停滞不前。人心有觉，道体无为，弘道的力量，岂不是在于人吗？

——根据《近思录》整理

为学（九十四）

尊德性、道问学

今且只将尊德性而道问学为心，日自求于问学者有所背否，于德性有所懈否。此义亦是博文约礼，下学上达。以此警策一年，安得不长？每日须求多少为益，知所亡，改得少不善，此德性上之益；读书求义理，编书须理会有所归著，勿徒写过，又多识前言往行，此问学上益也。勿使有俄顷闲度，逐日似此，三年庶几有进。

——传统意义上的为学方法

张伯行在《近思录集解》中解释说：学习者在学业上没有进步，都是由于没有下过真实的功夫，故悠悠泛泛，年复一年，通过观察这样的人，发现他们在为学上就好像没有下手之处似的。为了解决这种问题，横渠先生只好将《中庸》所言“尊德性而道问学”这句话，让学生们存在心里，常常自我省察，看看日间讲习的功夫，同问学相比，是否有不精微、不中庸、不知新、不崇礼的地方，看看日间静存的功夫，同德行相比，是否有不广大、不高明、不温故、不敦厚的地方。如果这样做了，即是夫子教导人的博文约礼，由下学而可进于上达的功夫，如果真能以此来警醒、鞭策、鼓励自己，便当大有益处。暂且不论长久以后会怎样，据此连续不断地坚持一年，则问学必会逐渐充实，而德行也会逐渐隆盛，怎么会有不长进之理呢？每日既能够在问学上，用违背、懈怠来自我警策，又须在德行问学上实际得到如何增益的功夫，才是有用。知道我心中还有一些未知、不理解的地方，浸润的时间一久，心体自然晶莹透彻，于是便知道未知之处都已消亡。我的心中没有将本然之善装满，即是不善，磨砺得深，而不善也逐渐减少，就被称为“改得少不善”。这才是在德行上的增益。圣贤之书都是记载义理的，是义理所寓存的地方，不仅仅是文辞。读圣贤书必须要修习研究义理，将义理的精微了然于心目之中，而不仅仅是诵读字句的练习。古人有关于日用伦常的书，我想要采录而编辑它们，则必然以其纲领条目、先后次序为重点，使它们各有所归，不要杂乱拼凑，空泛地写作，以期望获得学识广博的名声。又必须多认识前人的嘉言以使自己的见识广大，多发现前人的善行以成为照鉴自己的明亮镜子。这才是在问学上的增益。要想获得在为学上增益的功夫，就应当不使其有顷刻的时间来虚闲度过，每日如此，周密用功，经过三年的时间，或许就会一直前进而不会停止了。这样学问日益充实，德行日益纯粹，就能够有所成就了，不然一有间断，终将归为颓废而已。前面讲警策，一年便有所长进，这是诱发人的志向。此言求益，三年才能有进步，这样是为了以坚其力。要点是，存心致知，总是要贯彻始终，等到功夫纯熟后，也就达到至诚无息的地步了。

——根据《近思录》整理

为学（九十五）

横渠四为

为天地立心，为生民立道，为去圣继绝学，为万世开太平。

——传统意义上的为学方法

张伯行在《近思录集解》中解释说：作为一名儒家学者需要知道，人身是天、地、人三才所依附和归属之身，也是联系古今的依赖之身，此身如此重要，所以人必须要自爱，而不能放弃和亵渎，必须要公正对待此身，而不能将此身用于自私的行为。天地以生生不息的运行方式，使万物产生万种的变化，而万物在变化中都获得了自己特有的性命、存在的价值和应有的位置。

万物各有各的性命，各有各的存在价值，各有各的位置，即各得其正。天地这个生生之心，我们就称为天地之心，这就是为天地立心。儒者将这个天地之心也当作了自己的心，在此心的作用下，就可以参与调节人与自然的关系，使高低上下之人各安其位，使天下世间万物各遂其生，人也必然能彻底实践发挥出自己全部的心性。人们遵循“三纲五常”的伦理之道，爱护亲人、尊敬师长，而喜好美德即符合人们所秉持的常道思想。儒者在民众心中树立起了这样的道德标准，通过不同的形式教化民众，这就是为生民立道。此心此道，圣人用之来修身，然而未必后人都会传承圣人的事业，如果其中有传承的，道统才不会从中间断绝。所以崇尚中正大道、辟除异端邪说，先圣先贤都已经做到了，回想那些先行已往的圣人，真是难忘他们继承传述的苦心啊！这就是为去圣继绝学。此心此道，今日即使亲眼见到这样的行为，这种利益恩泽未必能传之永久，所以将圣人的心传阐释出来，使治理天下的大法昭之于世，是为了将来有王者兴起之时，不用担心无法可用。这就是为万世开太平。以上这些都是先圣先贤毕生的命脉，这是他们俯仰乾坤、纵观万物及上下古今所得出来的思想，然而这样宝贵的思想，却不会轻易告知他人的。

——根据《近思录》整理

【备注】

《张子全书》卷十四（《四部备要》本），此条作“为天地立心，为生民立命，为往圣继绝学，为万世开太平”。此四句与《近思录》所载本条略异，较为通行。

为学（九十六）

使学者先学礼者

载所以使学者先学礼者，只为学礼，则便除去了世俗一副当习熟缠绕。譬之延蔓之物，解缠绕即上去。苟能除去了一副当世习，便自然脱洒也。又学礼，则可以守得定。

——传统意义上的为学方法

张伯行在《近思录集解》中解释说：这是横渠先生教导人通过学礼以消除世俗的拖累。习熟，指的是对世俗交往中的陈腐俗礼非常熟知。横渠先生之所以先要学习者学习礼，只是因为学习者被世俗拖累得太严重，这样人就难以入道。学礼，其中自有中正的礼仪形式，而这中正之礼便能除去世俗的陈腐俗礼，以免人们被各种世俗的纷扰所纠缠。比如绵延向上生长的植物，解开它旁边的缠绕，即容易直接向上生长而去。故学习者倘若能除去这些陈腐俗礼，心胸便自然会超脱洒落，不用担心被世俗所拖累，那么在德业上的进步将不再困难。况且礼又有一定的规矩可依，通过对礼的学习，身心因为有守持而得以坚定，这样对身心更加有益。这就是礼不可不学的原因。

张绍价评注讲：学习者贵在尊崇德行，然而说起德行，人们还是担心它好似悬在空中一样不好理解，使学习者不容易用力。礼，则是有礼仪有规范，确实有据可依。通过学习礼，在平时的日用之间，不管是动是静，是说话是沉默，经过对礼的认可，自身的行为就会变得严谨而不会马虎随便。世俗一切的戏谑、粗暴、卑屈、骄慢等习气，互相缠绕纠结，从而成为自己身心的拖累，通过对礼的学习，这些都可以解而去除。缠绕既然能够解开，那么内心就会中正和乐，胸怀自然就会洒落。况且通过学礼，人会德行坚定，守持牢固，卓然得以自立，而不会被事物所摇夺。脱洒则会抱负远大，守得定则会意志坚强。

——根据《近思录》整理

为学（九十七）

让心宽容、流畅、公正、平易，来求此道

须放心宽快公平以求之，乃可见道。况德性自广大。《易》曰："穷神知化，德之盛也。"岂浅心可得？

——传统意义上的为学方法

张伯行在《近思录集解》中解释说：道在天地之间，而实际上也存在于我心之间。得于道而蕴藏在心里面的，就是德行。道无法见到，唯有通过心

才能见到。心是怎样见道的呢？只有通过体悟自己内心的德行才能见到道。道本就不狭隘，道本就不固滞，道本就没有私心没有不平，只是由于人心被物所拖累，所以才与道有了隔阂。故必须放开此心，让心宽容、流畅、公正、平易，来求此道，才可以明白其体而发挥其用。况且我内心中所接受的德行，本自广大，而要与道融为一体，怎么可以不扩展此心最大的力量，以成为承载道的地方呢？《易》曰："穷神知化，德之盛也。"意思是说，穷究神妙之理，以知变化之道，只有德极其盛大的人才能做到。浩浩大道，岂是肤浅狭窄之心所能见到的呢？

——根据《近思录》整理

为学（九十八）

不耻下问

人多以老成则不肯下问，故终身不知。又为人以道义先觉处之，不可复谓有所不知，故亦不肯下问。从不肯问，遂生百端欺妄人，我宁终身不知。

——传统意义上的为学方法

张伯行在《近思录集解》中解释说：这里是说，好问是有助于为学的。但凡人的耳目心思多，也不可能做到无所不知；不知就去问，这才是应该做的。有些人认为自己年龄大，已经属于老成，那么就有点妄自尊大，不肯向晚辈求问，所以终身也无法将自己的疑惑解除，到最后也不明白。又或者平日为人，因道义被他人推崇，以先觉被他人称许，而自认为无所不知，一旦向他人询问，就认为没有将理看明白而愧对自己的名声，故也不肯下问。为什么不自己思考一下，不知而问，对于老成有什么妨碍呢？对于道义先觉又有什么危害呢？况且我既然有真实的不知，又何必以此为忌讳呢？倘若不肯下问，对所不知的就不得不掩饰回避，去对他人隐瞒，于是自身种种的病痛都从此出。自己甘心做个奸诈之人，宁可终身不知也不为此忧虑，这不是非常愚蠢吗？

张绍价评注讲：道德学问的功夫，既要自己用功学习，又要不断地向他人请教，不停地质疑辩难，所学才会精深，不能将下问当作羞耻。韩子说："出生在我之前的人，他闻道本来就先于我，我会以他为师；出生在我之后的人，他闻道如果先于我，我也会以他为师。我跟从老师学道，哪里去理会他是早于我出生，还是晚于我出生呢？"晚于我出生，而闻道先于我的，我都能以他为师，何况请教呢？人以老成自居，又联想到先觉，于是不肯下问，导致终身不知，这种人非常浅薄啊！

——根据《近思录》整理

为学（九十九）

多闻不足以依赖

多闻不足以尽天下之故。苟以多闻而待天下之变，则道足以酬其所尝知。若劫之不测，则遂穷矣。

——传统意义上的为学方法

张绍价在《近思录解义》中解释说：对学问的追求，穷究万事万物的道理，以至于达到神妙的境地，就可以适应客观情况的变化，懂得变通，不会死守常规，而并非只是依靠多闻。如果以多闻而对待天下的变故，那么事情的变化是无穷的，而见闻有限，面对猝然来临的不测事件，则必然会仓皇失措，而不知去如何应对。

张伯行评注讲：为学贵在有真实所得，才可以广泛地应对无穷的变化。如果只是追求多闻，说是学识广博可以成为尽知一切的资本，那么耳目有限而天下之事元穷，怎么可以尽知呢？倘若以多闻对待天下事变的到来，那么其方法仅仅能应对他曾经知道的。一旦拿他所未尝听闻过的来试他，便足以夺走他所依赖的，而使他的证据找不到头绪，那么胸中没有真正的见识，于是就没有方法来应对。多闻虽然是学习者的事情，然而却不是君子所看重的。

——*根据《近思录》整理*

为学（一百）

为学大益，在自求变化气质

为学大益，在自求变化气质。不尔，皆为人之弊，卒无所发明，不得见圣人之奥。

——传统意义上的为学方法

张伯行在《近思录集解》中解释说：人出生时，上天所赋予之理原本就是至足的，然而气质却有的纯有的不纯，所以不得不思考来怎样变化气质。为学，就是矫正偏的使之归于正，这是变化气质的关键。人为学有多种途径，而其中能给人带来最大利益的，只是在于自求变化气质。如果不能变化，那么读诵的功夫、辞章的写作，与自己又有何事？只不过为人容易产生弊病罢了。对于为学中那些亲切的义理茫然不见，又怎样去发扬阐明这些义理呢？如果是这样，则圣人奥妙的思想终究不能得到。圣人千言万语，无非为学，无非变化气质而已。

——根据《近思录》整理

为学（一百零二）

文要密察，心要洪放

文要密察，心要洪放。

——传统意义上的为学方法

张伯行在《近思录集解》中解释说：洪，宽广。放，舒展。密察则见理精细，洪放则志气从容。如果是这样，则会外纯粹优美，内安定和顺。文与心相融洽，纯是天理的流行而已。

张绍价评注讲：道体至小，故文要密察。密察达到了精微的地步，那么气质粗疏的人就已经改变了，这就是追求学问的功效。道体至大，故心要洪放。洪放达到了广大的地步，那么气质狭隘的人就已经改变了，这就是尊崇德行的功效。

——根据《近思录》整理

为学（一百零二）

为学必然有疑问

不知疑者只是不便实作。既实作则须有疑，有不行处是疑也。

——传统意义上的为学方法

张伯行在《近思录集解》中解释说：这是讲为学必然有疑问，才是着实下功夫。人们不知有什么疑问，只是因为未曾真正下过功夫。既然真实下过功夫，则必有所可疑之处，难道所做之事，就从来没有行不通的时候吗？有行不通的地方即是有疑问之处。故在无疑之中，忽然有疑，那么可知他是在真实地下功夫。有疑问之后，更是将疑问解决了，然后所行就没有不顺利的。

朱熹先生评注讲：读书没有疑问时，须要有疑问。有疑问时，却要把疑问解决然后无疑，到这里才是长进。

——根据《近思录》整理

为学（一百零三）

心大物通，心小物病

心大则百物皆通，心小则百物皆病。

——传统意义上的为学方法

张伯行在《近思录集解》中解释说：人心虚灵，具备众理而应对万事，原本就是广大的。若能涵养此心，使心宽平宏远，那么自然的，不管是自己相处还是对待他人，不管去往哪里还是待在何处，都是通达无碍的。此心如果被上天之气拘迫、被自己的习气遮蔽，而又不加以扩充，那么此心就会气量狭小、固执鄙陋，处于任何地方都会成为病。所以为学以治心为要务。

朱熹先生评注讲：心大，则能容天下之物。随时随地各有道理，广泛适应，无不恰当，故百物皆通。心小，则卑陋狭隘，一动马上就能见到障碍，比如敬则拘束而妨碍和，和则流荡而妨碍敬，仁则惠爱姑息而妨碍义，义又粗暴决裂而妨碍仁。装得一个可以，却容不下两个，所以百物皆病。

——根据《近思录》整理

为学（一百零四）

心亦不宜忘学

人虽有功，不及于学，心亦不宜忘。心苟不忘，则虽接人事，即是实行，莫非道也。心若忘之，则终身由之，只是俗事。

——传统意义上的为学方法

张伯行在《近思录集解》中解释说：这是希望学习者用自己的心来体悟

大道，不要间断。人们有时会有各种事务，妨碍或者废弃了在学问上下功夫，而体现在事上的大道又无处不在，所以操持此心是否用在体悟大道上则全在于自己，因为事事处处都可以学。倘若对道的体悟念念不忘，那么即使在应酬接洽的事务中，也是学习道的功夫。如果内心纷纷飞驰于外，追逐各种琐事，又毫无见地，不知大道的日常应用，就会终身埋没于俗事之中，怎么会有实际的为学行为呢？盖内心存有大道则是实际的为学行为，心不存则所为都是俗事，所以并非两回事，这就是内心的存亡不同啊！

张绍价评注讲：功，犹如事。即使是应事接物，在为学上无暇读书修业，然而为学之心也不应该忘记。为学的方法，就是知行敬义而已。心倘若不忘，则应对事务之时就会：敬，而心不外驰；义，而事都符合道理。根据平时之所知，验证临时之所行，“接人事，即是实行，莫非道也”。否则，“终身由之，只是俗事”而已。

——根据《近思录》整理

为学（一百零五）

合内外，平物我

合内外，平物我，此见道之大端。

——传统意义上的为学方法

叶采在《近思录集解》中解释说：合内外，就是表里一致，是就自己而言的。平物我，就是指物我一体，是就他人和我而言的。

茅星来在《近思录集注》中解释说：见道的本原，犹如曾点、漆雕开见到道的大意。如果说到细微精密之处，则应当是在内外、物我之间，一一各自穷究其当然的极致，而不使有丝毫的差谬，这才是真正见得到。从此处真实下功夫，方能深造自得。

张绍价评注讲：有内外之见，则认为内是对的，外是错的，这是自私用智，所以必须合内外；有物我之见，那么自己的私心胜，爱物的念头就微弱，故须平物我。这就是从两个方面来见道的本原。

——根据《近思录》整理

为学（一百零六）

德成则功业自现

既学而先有以功业为意者，于学便相害。既有意，必穿凿创意，作起事端也。德未成而先以功业为事，是代大匠斫，希不伤手也。

——传统意义上的为学方法

张伯行在《近思录集解》中解释说：古人德有一定的成就后，功业自会显现。立言、立事都是在道上的积累充盈之后，而不能停止的自发行为。倘若刚有志于为学，立即就想要有所创建，这样对于为学势必有所妨害。盖既然一心偏向功业，势必会私自逞其胸襟，牵强附会地创造，使很多事产生混乱，这样的人害道很严重啊！这就是在知上没有真实的所得，而强加思考与创建，犹如技艺未成的人代替技艺已成的人来进行刀斧的操作，哪能不伤手呢？所以必须要慎重啊！

——根据《近思录》整理

为学（一百零七）

反约穷源，默养吾诚

窃尝病孔孟既没，诸儒嚣然，不知反约穷源，勇于苟作，持不逮之资，而急知后世。明者一览，如见肝肺然，多见其不知量也。方且创艾其弊，默养吾诚。顾所患日力不足，而未果他为也。

——传统意义上的为学方法

张伯行评注讲：这是横渠先生提倡的反约穷源之学，以揭示不自量力者的狂妄。不知反约，则会沉溺于博杂而没有系统的学问里；不知穷源，则会跟随学问的支流而没有根。孔子、孟子去世后，微言大义隐没，后人应当由广博返回到简约，穷究学问的根源，这才能称为有真实的所得，不必着急立言以突出显示自己。这乃汉唐诸儒，内心肤浅没有真实所得，随意著作，对道理解不足而又强言，不过是为了在后世获得广博的名声而已。而明白的人见到这种情况后，直笑他们的狂妄。我才会以此为大戒，唯有默默养育我的真诚，以反约而穷源。只是害怕自己的时间有限，不能把孔孟的精神全都理解透，哪里还敢做其他事情，以重蹈不自量者的弊端！

——根据《近思录》整理

为学（一百零八）

变不可轻议

学未至而好语变者，必知终有患。盖变不可轻议，若骤然语变，则知操术已不正。

——传统意义上的为学方法

叶采在《近思录集解》中解释说：变，不是常行之道。盖这是权宜之事，自己对理的研究不是非常透彻，对义的裁制不是非常精准，是不足以采用变的。

倘若学力未达到而轻易就说变，则知其人的学术之源已经不正了，最终必流于邪谲。

茅星来在《近思录集注》中解释说：变，是正道所不能行的，用变来通，盖古人或是不得已而出于此。自己不是义精仁熟的，不能跟从内心之妙变化的，是不能使用变的。学力未至而轻言变者，没有不沦为邪妄之人的。

——根据《近思录》整理

为学（一百零九）

凡事蔽盖不见底，只是不求益

凡事蔽盖不见底，只是不求益。有人不肯言其道义所得所至，不得见底，又非于吾言无所不说。

——传统意义上的为学方法

叶采在《近思录集解》中解释说：自己的行为无所隐瞒，那么是非善恶就有所典范，或许就可以增益其所未知、所未能。倘若故意去遮蔽覆盖，恐怕他人知晓，就不是求益。有的人不肯说他在知上的所得、在行上的所至，使人不能见到，盖这是苟且偷安的一种自足，恐怕他人说自己不好，又不像颜子那样，给人的感觉就如同愚鲁一样，对于圣人的话无所不悦之可比。

张绍价评注讲：学习者须将所知所能，与所不知所不能，毫无保留地呈现在师友面前，然后师友才会根据学习者存在的问题给予相应的建议，用这样增长美德的方法以挽救学习者的过失。如果凡事都遮盖，让人看不到自己的内心深处，不肯讲自己在道义上获得了什么，达到了什么境界，这就是不想在为学上获得增益，恐怕他人笑自己的错误，于是巧妙地加以遮掩覆盖，貌似有学问，却与颜子的无所不悦，“终曰，不违，如愚”的做法截然不同。自欺欺人，即使有名师益友，也无可奈何。

——根据《近思录》整理

为学(一百一十)

勿揽外事

耳目役于外，揽外事者，其实是自堕，不肯自治，只言短长，不能反躬者也。

——传统意义上的为学方法

茅星来在《近思录集注》中解释说：役，是用。揽，是兜揽的意思。所谓外，凡是博闻广见，通晓世务，在身心上没有所得的都是。“只言短长，不能反躬”，说的是只知讲论古今得失，而不能回头检查自己的言行，从自己身上找原因。所谓“耳目役于外，揽外事者”就是这个意思，伊川先生讲以记诵博识为玩物丧志，也是这个意思。

张绍价评注讲：人倘若有反躬自治之心，日夜努力来追求真知实践，这样都还忙不过来，哪有时间顾及其他？役耳目、揽外事，这样的人心驰于外，看重别人而轻视自己，自甘堕落而不肯自我对治，喜好议论古今得失，常常熟于人情世故，而疏于省身克己，不能反躬自省。

——根据《近思录》整理

为学(一百一十一)

学者大不宜志小气轻

学者大不宜志小气轻。志小则易足，易足则无由进；气轻则以未知为已知，未学为已学。

——传统意义上的为学方法

张绍价在《近思录解义》中解释说：志小则不恢弘，气轻则不坚毅。学、志遥相呼应是濂溪先生在卷首所讲的。志小，则是获得一点成绩马上就满足了，自我限制而无法前进，怎能志向如伊尹，为学如颜子，以贤人希望成为圣人呢？气轻则虚伪骄傲自以为是，没有的认为有，空虚的认为盈，简约的认为侈，故“以未知为已知，未学为已学”。

黄勉斋评注讲：理义无穷，就如攀登嵩山和华山，就如涉渡溟海和渤海，要基础纯实深厚，然后才可以承载。刚刚涉足文章义理，便有跳跃自喜的意思，又怎能任重而致远呢？

——根据《近思录》整理

附录 《近思录》历代传注者简介

陈　埴： 南宋嘉定进士，字器之，学者称其潜室先生，永嘉（今属浙江）人。在武夷山师从朱子，见解超群。著有《近思录杂问》。

杨伯嵒： 南宋学者，字彦瞻，号泳斋。是为《近思录》作注第一人，著有《泳斋近思录衍注》，多引用孔子、孟子、伊川、南轩、朱子、吕东莱等人语要，以及“四书五经”等儒家经典来注释。

叶　采： 南宋建安（今属福建）人，字仲圭，号平岩。先后跟随蔡渊、李方子、陈淳问学，是朱子的再传弟子。淳祐元年（1241）进士，官至翰林侍讲，著有《近思录集解》。他坚信后世一定会把理学思想作为“明国家之统纪，表范模于多士”的重要政治思想。叶采集解《近思录》完成后，于淳祐十二年（1252）正月，呈给理宗《进近思录表》。叶采注本为程朱理学在后世的发扬光大作出了较大贡献。

张习孔： 字念难，号黄岳，歙县（今属安徽）人。清顺治六年（1649）进士。著有《近思录传》，简洁明朗，注评兼容，是现知清代最早注释《近思录》者。他在推动程朱理学复兴方面发挥了一定作用。

施　璜： 字虹玉，号诚斋，休宁（今属安徽）人。于先儒语录多所发明。著有《五子近思录发明》。施璜非常重视《近思录》的阶梯作用，认为要明“四书五经”，仅有《近思录》还不够，“若不得朱子精粹切要之言合观之，则学者终有所阙憾”。因此，清康熙年间，施璜对汪佑《五子近思录》进行“发明”，撰就《五子近思录发明》十四卷。

张伯行： 字孝先，号敬庵，又号恕斋，河南仪封（今兰考东）人，康熙二十四年（1685）进士，历任福建巡抚、江苏巡抚等，官至礼部尚书。谥清恪。恪遵程朱之学，为清代宋学大师。在福建巡抚任上创建鳌峰书院，名其堂“正谊”。一生整理辑刻程朱一派之书，分立德、立功、立言、气节、名儒粹言、名儒文章六部，为清代理学名臣之冠，刊布先儒理学诸书五十余种，对后世的影响很大。著述有《濂洛关闽书》《正谊堂文集》《正谊堂全书》等。其《正谊堂全书》在后世影响很大，清代后期不断被传刻，且民国年间仍不断印行。其中张伯行集解《近思录》，更是长期受后学推崇。

李文炤： 字朗轩，又字元朗，号恒斋，湖南善化（今长沙）人。康熙年间举人，博通经史，宗朱子之学。主讲岳麓书院数年，从游者甚众。著有《正蒙集解》《近思录集解》《恒斋文集》等。

茅星来： 字岂宿，号钝叟，又号具茨山人，归安（在今浙江湖州）人。康熙年间诸生。屡应乡试不中，乃专攻经史及程朱著作，有《钝叟存稿》六卷。茅星来尊崇儒学，其《近思录集注》以考据见长，所用文献考据之法有益于我们更完备地认知程朱理学。茅星来《近思录集注》十四卷，经过其三十年的悉心探讨，于康熙六十年（1721）完成，并作序记之。文渊阁《四库全书》本收录，抄五本，收语录623条。

江　永： 字慎修，又字慎斋，婺源（今属江西）人。著有阐述宋五子的著述数十卷。作为乾隆时期大儒，他熟读经典，对经学研究精深，尤其擅长声律考据，著述甚多。江永《近思录集注》，多荟萃朱子之语以发明《近思录》奥义，其注解用功尤深，颇便初学，为朱子的广泛深入传播作出了积极贡献。

管赞程： 字向定，台州黄岩（今属浙江）人。与同时期学者张绍价同为夏震武门人。张绍价评说管氏："主静立极，圣学心传；……唯我向定，独得真诠；阐明奥旨，精蕴毕宣；……祖述鲁叟，步趋宋贤；《近思》一编，尤所精研。"其所著《近思录集说》，是民国时期最具代表性的传注解本之一。

张绍价： 字范卿，山东即墨人。尝从富阳夏震武游，究心于濂洛关闽之学。其《近思录解义》十四卷，是民国年间出版的有时代特色的新式注本，注释内容反映了新旧时代交替时期固守程朱之学的内心世界，具有较高的历史文献价值。张绍价在清末仍高举程朱之旗帜，捍卫宋明理学之地位，指斥西学之不足。